FRANÇAIS, JE VOUS HAIME

DU MÊME AUTEUR

God save la France, NiL éditions, Paris, 2005
God save les Françaises, NiL éditions, Paris, 2007

STEPHEN CLARKE

FRANÇAIS, JE VOUS HAIME

Ce que les rosbifs pensent vraiment des froggies

traduit de l'anglais par Thierry Cruvellier

NiL

Titre original : TALK TO THE SNAIL
© Stephen Clarke, 2005
Traduction française : NiL éditions, Susanna Lea Associates, Paris, 2009

ISBN 978-2-84111-410-8
(édition originale : ISBN 978-0-552-77368-3 Black Swan, Londres)

Aux Français, avec mes plus sincères excuses

Crédits photos

Chapitre 1 : © Jean Gaumy/Magnum Photos ; Chapitre 2 : © Eric Taschaen/epa/Corbis ; Chapitre 3 : © Hulton-Deutsch Collection/Corbis ; Chapitre 4 : © Collection Rykoff/Corbis ; Chapitre 5 : © James Veysey/Rota/CameraPress/Gamma/Eyedea ; Chapitre 6 : © Annebicque Bernard/Corbis Sygma ; Chapitre 7 : © Mike Blenkinsop/Alamy/Photo12.com ; Chapitre 8 : © Elliott Erwitt/Magnum Photos ; Chapitre 9 : © Yves Forestier/Corbis Sygma ; Chapitre 10 : © Richard Kalvar/Magnum Photos ; Chapitre 11 : Mary Evans Picture Library/Rue des Archives.

La France est un endroit où il fait très bon vivre. C'est un pays voué au plaisir. Or le plaisir est l'un de mes principaux loisirs. En fait, c'est mon passe-temps préféré.

Pourtant, avoir accès au plaisir peut être difficile, pénible et finalement aussi énervant que de décortiquer un crabe : on a beau utiliser marteau, casse-noix, sondes chirurgicales et détecteur laser de chair, on finit toujours les doigts lacérés et la bouche pleine de débris de carapaces.

Ceux qui habitent en France, visitent le pays ou viennent s'y installer se trouvent trop souvent coincés dans les zones de l'avant-plaisir ou du plaisir-à-demi. Ils ne vont guère au-delà du serveur ténébreux ou de l'agent immobilier véreux. Ils ont besoin de conseils pour accéder à la zone du total-plaisir.

Car vivre en France n'est pas un don de naissance. De nombreux Français n'y parviennent jamais vraiment. C'est pourquoi ils sont communément considérés comme des geignards.

Vivre en France est un art qui se travaille. J'y ai passé la moitié de ma vie d'adulte et je continue d'apprendre.

Ce livre fait la somme de mes connaissances sur le sujet.

S. C.

Sommaire

1 **TU AURAS TORT** (*si tu n'es pas français*)
Chaque Français
est un « Monsieur J'ai Raison »........................... 15

2 **TU NE TRAVAILLERAS POINT**
Pourquoi les longs week-ends
sont bons pour l'économie française 39

3 **TU MANGERAS**
Ce n'est pas parce que ça sent le lisier
que ça en a le goût 61

4 **TU SERAS MALADE**
Tirer le meilleur
d'une accoutumance nationale 85

5 **TU PARLERAS FRANÇAIS**
Mal prononcer les mots et vexer les gens 101

6   TU NE CHANTERAS POINT
(*ou en tout cas pas juste*)
« Narcissique, moi ? »
déclare un artiste français 119

7   TU NE SAURAS POINT
Connaître les mots bannis du vocabulaire
français, tels que « délation »,
« accident nucléaire » ou « imposition » 139

8   TU N'AIMERAS POINT TON PROCHAIN
« Oui, je brûle les feux rouges, et alors ? » 161

9   TU NE SERAS POINT SERVI
« Garçon ? Monsieur ? Bonjour ?
Ça va, laisse tomber... » 187

10   TU SERAS POLI
« Bonne fin de début de matinée »
et autres complications.. 215

11   TU DIRAS « JE T'AIME »
Les dangers de l'amour à la française 243

Un lecteur attentif notera qu'il n'y a pas dix commandements ici, mais onze. Vous ne pensiez tout de même pas qu'on pouvait caser une nation aussi fascinante et complexe que la France en seulement dix commandements, n'est-ce pas ?
Merde alors !

La pétanque nudiste, un jeu français qui donne un tout autre sens à la phrase « jouer avec ses boules ».

1ᴱᴿ COMMANDEMENT

Tu auras tort
(si tu n'es pas français)

TU AURAS TORT
(si tu n'es pas français)

Lorsque vous avez affaire à un Français, il faut savoir qu'il est porteur d'une intime conviction : je suis français, donc j'ai raison. Même quand il fait quelque chose qui manque manifestement de civisme, est clairement illégal ou tout simplement idiot, il est certain d'être dans son bon droit.

Bien entendu, les Français ne sont pas les seuls à être ainsi. Les Britanniques pensent avoir inventé la civilisation occidentale. Les Américains, de leur côté, sont convaincus de vivre dans le seul endroit au monde où les gens sont vraiment libres. Quant aux Belges, ils sont certains d'avoir inventé les frites. Chacun d'entre nous, enfin, est sûr d'avoir raison sur au moins *un* point. La différence avec les Français est que non seulement ils croient avoir raison mais ils sont persuadés que le monde entier est ligué contre eux pour leur donner tort. Pourquoi tout le monde veut parler anglais et non français[1] ? se demandent-ils. Pourquoi personne d'autre ne joue à

---

1. Il suffit de jeter un œil sur le petit signe sous le c de

la pétanque ? Pourquoi la planète entière préfère les superproductions d'Hollywood aux films français qui racontent la vie de Parisiens en train de divorcer ? Ce n'est pas normal !

C'est la raison pour laquelle les Français ont la réputation d'être si arrogants : ils manquent d'assurance, ils ont toujours quelque chose à prouver au reste du monde. Observez un conducteur parisien qui s'avance à un feu rouge. « Comment cette ampoule ose-t-elle savoir mieux que moi s'il est risqué ou non de passer ? se dit-il. À l'évidence, il n'y a aucun obstacle à l'horizon. À part peut-être quelques piétons[1]. » Et de brûler alors le feu, certain que tout le monde sera d'accord avec lui.

Il en est généralement de même dans les services. Comment un client pourrait-il avoir raison ? Que sait-il de l'industrie des services ?

Et la liste ne s'arrête pas là...

Comme une lettre à la poste

L'une des meilleures façons d'observer ce sentiment inné du Français d'être dans son bon droit est de visiter un bureau de poste bondé. Les gens qui y travaillent ont encore plus de raisons d'avoir raison que leurs compatriotes. Premièrement, bien sûr, ils sont

---

« français » et on comprend pourquoi : même les Français ont du mal à épeler leur langue.

1. Le conducteur parisien a encore d'autres raisons de faire fi des feux rouges. Voir le huitième commandement.

français. Deuxièmement, ce sont des employés de l'État et, par conséquent, ils ne peuvent pas être renvoyés. De cette double légitimité, ils se parent comme d'une armure. Même s'ils somnolaient toute la journée ou s'ils enfilaient toutes les lettres dans un broyeur, la pire des sanctions qu'ils encourraient serait une mutation dans quelque comptoir lointain de l'Empire, comme Tahiti ou Calais.

Si vous entrez dans le bureau de poste d'une grande ville à 9 heures du matin, vous trouverez sans doute une longue file de personnes souhaitant retirer de l'argent, payer leur facture d'électricité en liquide ou simplement poster une lettre en recommandé. Le guichetier, qui vient d'arriver et va commencer sa journée de travail, entre dans la salle, jauge de l'œil la longueur de la file d'attente, constate l'urgence d'ouvrir un autre guichet, et sourit intérieurement – voire ostensiblement. Puis, il/elle passe interrompre les opérations en train d'être effectuées par ses collègues pour leur faire la bise ou leur serrer la main. À ce moment-là, tout grondement dans la queue provoquerait chez lui/elle un froncement de sourcils ou une franche remarque du genre : « Eh bien oui, nous, fonctionnaires, sommes des êtres humains et nous avons le droit de dire bonjour à nos collègues comme n'importe qui, *non* ? »

Puis, il/elle s'assoit derrière son guichet, s'installe, allume l'ordinateur, ouvre son tiroir-caisse, vérifie que les carnets de timbres sont bien rangés. Tout client qui ose s'aventurer à franchir à cet instant-là la limite marquée « Attendez derrière cette ligne » sera poli-

Premier commandement

ment averti qu'un fonctionnaire doit être prêt avant de recevoir la clientèle. C'est normal, *non* ?

Une fois, au bureau de poste de mon quartier, j'ai prié que le sort ne m'envoie pas au guichet le plus proche de la porte car il était sur le point d'être investi par l'un des pires spécimens du « j'ai raison, donc tu as tort » que j'aie jamais vu – même en France.

Monsieur J'ai Raison vient d'arriver à son poste de travail et vérifie son siège, sans doute au cas où un ressort défectueux le contraindrait à demander un mois de congé maladie après s'y être assis une matinée. Il voit bien le monde qui attend et il semble se délecter des grommellements énervés qui sourdent du public. Je suis le suivant dans la file d'attente et j'espère désespérément qu'il va continuer de tester son siège jusqu'à ce qu'un des autres guichets se libère.

Hélas, il n'en est rien. Ce jour-là, le sort a décidé de m'être cruel.

« Bonjour, lui dis-je comme il sied de le faire, c'est-à-dire suffisamment fort.

— Bonjour », répond-il, légèrement contrarié par ma bonne humeur.

Ailleurs que dans cette zone d'affrontement du bureau de poste, je suis sûr qu'on se serait très bien entendus, tous les deux. C'est un type assez décontracté, jeans et boucle d'oreille, qui écoute probablement le même genre de musique que moi. Mais sur son trône, le voilà despote absolu, Roi-Soleil espérant me faire brûler à feu doux.

Je lui explique que ma factrice a laissé un avis m'indiquant de passer récupérer un colis au bureau de poste le plus proche.

« Vous avez une pièce d'identité ?

— Oui, mais le colis est adressé à Red Garage Books, le nom de ma société. Je n'ai pas de pièce d'identité à ce nom car personne ne s'appelle Red Garage Books... »

Je tente un rire légèrement philosophe, chose nécessaire en France quand vous voulez montrer à quelqu'un que vous faites une plaisanterie.

« Ah ! fait-il en grimaçant comme s'il venait de se faire percer l'autre oreille. Si vous n'avez pas de pièce d'identité, alors je ne peux pas vous donner le colis.

— Mais je sais que le paquet est pour moi. Je suis le seul employé de cette société. Tenez, je vous ai apporté du papier à lettres avec le logo.

— Ce n'est pas une pièce d'identité officielle. Je ne peux pas l'accepter.

— Je comprends bien, dis-je en lui donnant raison avec diplomatie. Mais je ne vois pas quoi faire d'autre. Je sais néanmoins ce qui se trouve dans le colis : ce sont des livres. Pourriez-vous juste vérifier, s'il vous plaît ? »

Le type accepte d'aller voir. Après tout, ces guichetiers sont humains et, si vous leur montrez – poliment – que vous ne renoncerez pas et ne les laisserez pas en paix (eh oui, on peut jouer au plus têtu), ils battent en retraite.

Il s'éclipse dans les coulisses avec mon reçu. Pendant son absence, je me tourne vers ceux qui attendent derrière moi et, d'un petit rictus, je m'excuse. Je n'en fais pas trop non plus. N'est-ce pas lui qui est parti ? Moi, je suis dans mon droit.

Premier commandement

Finalement, il revient avec le paquet. À l'évidence, comme je le lui fais remarquer, il contient des bouquins. Le mot « livres » est d'ailleurs clairement écrit sur le formulaire vert des douanes collé dessus. Il regarde le paquet, puis l'avis de passage, puis moi, et tranche :
« Je ne devrais pas vous le donner mais je vais quand même le faire, dit-il en posant le paquet sur le comptoir.
— Merci beaucoup.
— Signez ici », ajoute-t-il en me présentant le registre des colis.

Comme je suis en train de signer, je vois que l'adresse écrite sur le paquet est en fait : « Stephen Clarke, c/o Red Garage Books ». C'est donc bien à mon nom. C'est la factrice qui s'est trompée sur l'avis de passage. Je lève mes yeux vers le type, qui l'avait manifestement vu aussi. Mais rien qu'à son regard je comprends clairement le message suivant : vas-y, ose faire encore des histoires...

Je me retiens. La factrice a forcément raison, tout comme son collègue derrière le guichet. Il aurait été totalement contre-productif de suggérer qu'elle s'était trompée.

« À l'avenir, vous devriez avoir une pièce d'identité au nom de votre société pour éviter ce genre de problème, me dit-il.
— Vous avez tout à fait raison », réponds-je, avant de prendre possession de mon colis, lui souhaiter une bonne journée et m'en aller.

En France, une retraite tactique est souvent ce qui se rapproche le plus d'une victoire totale.

Pas de pétrole, mais des idées

Parfois, le monde se trompe de façon spectaculaire. L'un des exemples récents les plus traumatisants est le jour où le Comité olympique a annoncé quelle ville accueillerait les JO en 2012. Londres ? Non ! Comment le CIO a-t-il pu faire une telle erreur ? Tout le monde savait pourtant que les Jeux de 2012 devaient obligatoirement se tenir à Paris.

Tout le monde le savait, oui. En France. Malheureusement pour les Français, cela n'incluait pas le Comité olympique. Mais ce qui a été encore plus insupportable aux yeux des Français, c'est qu'ils ont été battus par leurs adversaires de toujours, les « Anglo-Saxons » comme ils appellent tous ceux qui parlent anglais. Car comme chaque Français le sait, ces chantres de la mondialisation conspirent depuis des siècles pour leur donner tort.

Dans un village breton appelé la Masse, au sommet d'une colline non loin du Mont-Saint-Michel, se dresse ce qui ressemble à un moulin à vent en miniature dont les ailes seraient restées coincées à la verticale[1]. Ce moulin miniature a fait partie d'un système français

---

[1]. Afin de ne pas me tromper, j'ai délibérément écrit cette phrase en évitant de me prononcer sur le fait de savoir si le Mont-Saint-Michel se situait en Bretagne ou en Normandie. Quelle que soit votre réponse, il se trouvera quelqu'un en France pour vous dire que vous avez tort. Je dis donc juste que le village de la Masse est en Bretagne, ce qui ne fait aucun doute, il n'y a qu'à lire la carte Michelin n° 309. C'est une carte française, elle ne saurait donc être fausse.

de télécommunications qui était censé révolutionner le monde dans les années 1790. Tous les quinze ou vingt kilomètres, de tels édifices ont ainsi été érigés entre Paris et Brest. Les ailes s'élevant au-dessus du bâtiment étaient en fait des bras mobiles, comme des sémaphores, permettant de faire passer des messages de Brest à Paris en seulement vingt minutes. Le message le plus courant devait probablement être : « C'est vraiment couvert ici en Bretagne. Si vous nous avez envoyé un message récemment, on ne l'a pas reçu. »

Ce système avait été inventé par un ingénieur français du nom de Claude Chappe qui, non sans prévenance, avait conçu les stations relais en deux bâtiments, l'un pour envoyer les messages, l'autre pour servir de salle à manger aux opérateurs. Une attention merveilleusement française. Le système résultait d'une idéez aussi simple que vouée à l'obsolescence, comme seuls les Français semblent en avoir. Au début, le télégraphe de Chappe s'est répandu à partir de la France, certaines lignes allant jusqu'à Amsterdam et même Milan. Puis, en 1836, un Britannique du nom de Charles Wheatstone inventa le fil télégraphique, magnifiquement simple, vite adopté et adapté à travers le monde. Le télégraphe Chappe était mort, tout comme son pauvre inventeur qui s'est suicidé en 1805.

Les Français ont un don pervers pour inventer des trucs qu'aucun autre pays ne veut utiliser.

Le meilleur exemple, c'est le Minitel. Ce précurseur d'Internet a été lancé en 1983. Pour y avoir accès, les usagers se voyaient contraints de louer un petit écran spécial qui ressemblait à une minitélévision (d'où le nom Minitel, les Français étant un peuple très logique). Le Minitel était aussi lent que les ordinateurs des années 1980, mais il a rapporté une fortune à France Télécom et aux sociétés françaises de publicité quand les sites de messagerie rose se sont jetés dessus. Chaque panneau d'affichage, chaque chaîne de télévision et chaque magazine s'est soudainement trouvé orné de mannequins aux lèvres aguicheuses et aux seins nus, accompagnés d'un 3615 SEXY. Des millions de Français ont passé des nuits à taper des messages en lettres capitales sur de petits claviers repliables attachés à cette petite boîte triste et marronnasse, puis à attendre pendant plusieurs minutes que l'écran noir et blanc fasse apparaître la réponse. Quinze ans avant son avènement, la France, ce pays qui aime la conversation plus que tout, venait donc de concevoir la conversation en ligne.

Oui, mais voilà qu'un Anglais du nom de Timothy Berners-Lee inventa le World Wide Web qui fit fonctionner partout ailleurs l'Internet américain. Le Minitel était mort. Les rues françaises se retrouvèrent jonchées de petits écrans beiges. Une fois de plus, ces comploteurs d'Anglo-Saxons avaient infligé au monde une idée non française.

Parmi d'autres exemples de cette inventivité française universellement rejetée, on peut citer :
- La pétanque, seul sport conçu pour être joué dans une litière pour chiens.
- La DS Citroën, dessinée comme une grenouille aplatie, seule berline au monde qui, grâce à sa

suspension hydraulique révolutionnaire, garantisse aux passagers un mal au cœur instantané.
- Le levier de vitesses de la Renault 4L, parfaitement capable de changer de vitesse, mais uniquement selon son bon vouloir.
- Le porte-savon primitif destiné aux toilettes des cafés. Il s'agit d'un pain de savon ovale posé sur un support en métal incurvé et fixé au mur juste au-dessus du lavabo. En théorie, c'était une bonne idée puisque cela empêchait le savon de tomber par terre ou de fondre dans le lavabo. Dans la pratique, c'était dégoûtant. Le savon, de préférence jaune clair, finissait le plus souvent par servir de support à toute la crasse laissée par le précédent usager. Fort heureusement pour le reste du monde, le pressoir à savon liquide a été inventé et a définitivement remisé le prototype français[1].

Bien entendu, les Français ont de nombreuses raisons d'être fiers de leur sens créatif car ils ont bel et bien contribué à quelques grandes inventions : le bikini, le braille, la pasteurisation, la montgolfière, les piles, le parachute et la photographie, pour n'en citer que quelques-unes. Certaines versions françaises de la technologie moderne ont connu un succès mondial. Peu d'Américains ont conscience, par exemple, que lorsqu'ils prennent le train à grande vitesse de New York

---

[1]. Pour l'aspect positif de ce système si propice à l'épanouissement des bactéries, voir le troisième commandement sur la nourriture.

à Boston, ils utilisent en fait une version savamment camouflée du TGV français[1]. La France a aussi conçu avec succès des variations typiquement hexagonales de concepts déjà existants. Par exemple :
- Le château, monument qui prétend avoir une fonction militaire mais qui, en réalité, est purement décoratif – un peu comme l'armée française en 1940.
- La Légion étrangère, groupe d'ex-taulards et autres individus plutôt louches, à la fois inemployables et jetables, que l'on peut envoyer sans crainte faire le sale boulot dans des zones à risques. Si l'un d'entre eux ne revient pas, personne n'osera le réclamer. Les Américains ont adopté la même stratégie pour leurs troupes en Irak.
- Sans oublier le camping municipal, ce lieu de bivouac au prix dérisoire, quand il n'est pas gratuit, et que l'on trouve dans moult villages de France, invitant le voyageur à y passer la nuit et à dépenser un peu d'argent au café du coin. L'hospitalité française à son sommet.

Mais, en définitive, seul un mets spécialement raffiné peut aspirer à la première place sur la liste des créations dont la France a raison d'être fière. À coup sûr, le paysan qui a créé le foie gras était un esprit des plus inventifs. Imaginez-le en train d'expliquer son nouveau pâté à ses amis :

---

[1]. À l'instar des *freedom fries*, certains lecteurs américains pourraient préférer appeler ce train le *freedom train*.

« Bon alors, tu ne fais pas que hacher les restes de viande comme pour les autres pâtés. Tu prends une oie ou un canard, tu lui fourres un entonnoir dans la gorge et tu lui balances autant de maïs que tu peux dans le gosier, tous les jours, jusqu'à ce que la volaille soit si obèse qu'elle puisse à peine marcher. Ensuite, tu lui arraches son foie difforme et tu l'étales sur du pain grillé.

— Tu as encore forcé sur l'absinthe, Jean-Pierre, ont dû lui dire ses amis. Viens prendre un peu l'air frais dehors dans la litière pour chiens. »

Ce sacré Jean-Pierre avait pourtant raison, et le foie gras ne pouvait être qu'une invention française. Si l'idée avait été anglo-saxonne et qu'elle s'était appelée *fat liver*, personne ne l'aurait achetée, ce nom évoquant bien davantage, pour un Anglais, la cirrhose qu'un produit de luxe.

J'ai raison ou j'ai raison ?

Pour montrer qu'il a raison, l'outil de prédilection du Français est la question rhétorique. Qu'est-ce qu'une question rhétorique ? Une question à laquelle votre interlocuteur n'est pas censé répondre parce que vous allez y répondre vous-même. Pourquoi le Français y est si attaché ? Parce qu'elle permet de souligner combien il a raison. Et pourquoi l'utilise-t-il si souvent ? Parce que cela donne une telle valeur à son opinion qu'il doit se supplier lui-même de la livrer. Un usage aussi intempestif de la question rhétorique est-il pénible ? Oui, terriblement.

Ne pas être habitué aux questions rhétoriques lorsqu'on arrive en France peut rendre grotesque toute espèce de conversation sérieuse. Vous essayez de discuter à propos de, je ne sais pas, moi, la raison pour laquelle tel nouveau film français raconte encore cette classique histoire plate et nombriliste de l'artiste incompris qui fume beaucoup et couche avec des grandes bourgeoises dans de fabuleux appartements parisiens. Au début, vous croyez que votre interlocuteur français est sincèrement intéressé par ce que vous pensez du film.

« Pourquoi ce film est-il presque exactement le même que le précédent du même réalisateur ? demande-t-il.

— Peut-être parce que... »

Mais à peine avez-vous commencé à répondre que le Français vous noie tout à coup sous le flot de ses propres opinions. Puis, alors que vous vous remettez tout juste de votre profonde confusion, il semble vous adresser une nouvelle question :

« Et pourquoi donc les jeunes actrices françaises semblent être obligées par contrat à montrer leurs seins ?

— Parce que... »

Et paf, ça recommence. Vous comprenez enfin que le Français ne vous pose absolument pas de question. Il tient une conversation avec lui-même durant laquelle, bien entendu, personne ne peut l'interrompre ou lui dire qu'il a tort.

L'exemple le plus significatif est peut-être celui de Sciences-Po[1]. Cette école accueille de nombreux étudiants étrangers qui se rendent avec appréhension à leur premier cours, avides de participer au débat avec certains des intellectuels français les plus respectés. Sans surprise, le très estimé professeur se lève et commence à pontifier de façon typiquement française. « Et quand est-ce que la France a réalisé qu'une guerre coloniale au Vietnam ne pouvait être gagnée ? » demande-t-il à l'assemblée. Les doigts des étrangers se dressent, pleins du désir de prendre part à cet échange d'idées qui est le véritable moteur de la culture française. Las ! Ils sont ignorés par le professeur qui répond lui-même à sa question avant d'en poser une autre à laquelle, à nouveau, lui seul aura le droit de répondre.

Les étudiants étrangers demeurent morfondus de leur faux pas d'intellectuels en herbe. Pendant ce temps, leurs compagnons français qui, eux, savent ce qu'on attend (ou pas) d'eux dans ce type de cours, sont affalés au fond de l'amphithéâtre. Ils prennent des notes, roulent des clopes et s'envoient des textos du genre : « Est-ce que tu me trouves sexy ? Oui, évidemment. »

---

1. Oui, il s'agit bien d'une école française de sciences politiques. Ça fiche un peu la trouille.

Une tranche de vérité

Bien sûr, voici la grande question : d'où vient ce sentiment paranoïaque d'avoir toujours raison[1] ?

Je ne suis ni anthropologue ni historien, mais je crois que cela date de la Révolution de 1789. Le verbe « trancher » signifie décider de qui a raison et qui a tort, prendre une décision définitive. Ce n'est peut-être pas un hasard s'il signifie aussi couper. Comme dans « trancher la tête de quelqu'un ».

En 1789, les Français ont commencé à laisser la guillotine décider de qui avait raison ou tort. Louis XVI était l'arrière-petit-fils de Louis XIV, celui qui s'était en toute modestie fait appeler Roi-Soleil et avait embrassé la théorie du droit divin des monarques à régner sur la nation. Sous Louis XVI, ce droit divin s'était transformé en droit à gaspiller tout l'argent du pays en perruques et en garden-parties. Quelques intellectuels parisiens décidèrent que cela suffisait et incitèrent frénétiquement le peuple à la révolte. La guillotine commença à être le centre du pouvoir de décision. On se débarrassa d'abord des aristos, puis de quiconque osait contester les idées des nouveaux maîtres à penser. La Révolution française, après avoir mis fin à la monarchie, a imposé au peuple quelques idées extrémistes, voire traumatisantes.

---

1. Je sais que je viens précisément de railler l'habitude française de poser des questions purement rhétoriques mais il faut reconnaître qu'elles sont parfois bien utiles, non ?

Premier commandement

Pour commencer, le français devint brutalement la langue officielle. Jusqu'en 1789, on parlait avec bonheur différents patois et la plupart des gens étaient bien incapables de comprendre la langue des Parisiens. Au XVIIe siècle, quand Molière partait en tournée, sa troupe devait souvent se limiter à des mimes burlesques car personne ne comprenait le texte de ses pièces. Soudain, à la Révolution, les patois furent bannis et tout le monde fut obligé d'apprendre la nouvelle « vraie » langue. Tous ceux qui n'étaient pas d'accord voyaient leur cerveau querelleur dûment retranché du reste de leur corps.

Simultanément, afin de réduire les risques d'oppositions locales, le gouvernement central commença à déplacer les gens à travers le pays. En lieu et place de régiments à base régionale, l'armée devint une force nationale, mélangeant les habitants de différents coins contraints, bien entendu, à communiquer en français. Ce genre de pratique perdure jusqu'à ce jour : une Provençale ayant obtenu son diplôme d'enseignante à l'université de Nice et qui souhaiterait ardemment rester dans sa région a de bonnes chances d'être nommée en Bretagne.

La République imposa aussi un nouveau calendrier, avec une année débutant en septembre et des mois ayant des noms très descriptifs, comme celui de brumaire pour un mois brumeux, pluviôse pour celui marqué par les pluies, et thermidor sans doute pour celui où le homard passe à la casserole. Les mois n'étaient plus divisés en semaines mais en trois périodes de dix jours renommées primidi, duodi, tridi. Eh oui, les révolutionnaires inventèrent la semaine métrique[1] !

Ainsi, dans les années qui ont suivi 1789, chaque habitant de ce pays a vu son système de valeurs éradiqué, comme la tête d'un guillotiné. Tout ce qu'ils avaient toujours cru vrai était soudain devenu faux. S'ils demeuraient dans leur région d'origine, on leur disait qu'ils ne parlaient pas la bonne langue. S'ils étaient expédiés ailleurs, ils se retrouvaient à vivre comme des étrangers dans leur propre pays, ne mangeant pas ce qu'il fallait et parlant avec un mauvais accent. À bien des égards, c'était comme pour un Anglais expatrié en France aujourd'hui, et je suis bien placé pour savoir combien c'est perturbant. L'isolement géographique et le sentiment d'aliénation tendent à pousser les gens vers deux extrêmes : comme expatriés, soit on finit par embrasser complètement la culture française, en allant voir Johnny Hallyday en concert au Stade de France et en faisant comme si le cricket et la jelly n'avaient jamais existé ; soit on s'accroche désespérément à ses vieilles certitudes et on peut ressentir un besoin urgent d'écrire à des journaux anglais sur la disparition du chapeau melon et du sandwich au concombre. La plupart des

---

[1]. Ce faisant, ils réduisirent à trois le nombre de week-ends par mois, ce qui pourrait en partie expliquer pourquoi Robespierre, l'homme des changements les plus radicaux, fut lui-même décapité en 1794. En France, on ne badine pas avec les week-ends.

« expats » versent dans un extrême puis dans l'autre, avant de trouver un juste milieu.

C'est comme si au cours des quelque deux cents ans depuis la Révolution, les Français coupés de leurs vieilles valeurs avaient combiné ces deux réactions extrêmes. Ils semblent avoir épousé avec ferveur les valeurs nouvelles, puis avoir décidé que de graves menaces pesaient sur cette nouvelle façon parfaite de faire les choses, y ajoutant ainsi cette petite touche de paranoïa qui les caractérise.

La faute en revient essentiellement à nous, les Angliches. Les révolutionnaires s'en sont fatalement donné à cœur joie contre les monarchistes anglais : comment ces ridicules dandys royalistes d'outre-Manche, avec leurs fous de monarques germaniques, pouvaient-ils avoir raison en quoi que ce soit ? N'avaient-ils pas justement perdu leur plus grande colonie, l'Amérique, contre des rebelles soutenus par la France ? Hein ?

Ajouté à cela que, quelques années plus tard, Napoléon fut battu à Waterloo et envoyé pour y mourir dans une colonie que la Grande-Bretagne n'avait pas perdue : Sainte-Hélène. Puis ne voilà-t-il pas que ces fameux Anglais connurent à leur tour une révolution – industrielle celle-ci – et qu'ils se mirent à inventer des machines qui rendirent vite ringarde la technologie française. Et ils commirent même l'affront d'appeler Waterloo l'une de leurs premières gares !

Il y a de quoi être paranoïaque, *non* ?

Il arrive aux Français d'avoir raison

- Un homme politique adultère n'est probablement pas plus corrompu qu'un autre qui serait monogame.
- Ce n'est pas parce qu'un homme fait des compliments à une femme qu'il a l'intention de la violer.
- Quitter le Vietnam en 1954 était une bonne idée.
- Envahir l'Irak n'était pas une très bonne idée.
- Si l'on enseigne les mathématiques à un bon niveau aux écoliers, les industries technologiques ne manqueront jamais d'ingénieurs qualifiés.
- Les enfants ne meurent pas s'ils passent une semaine sans manger de frites.
- Les vacances en thalassothérapie doivent être prises en charge par la Sécurité sociale.
- Si on est employé de bureau, il ne sert à rien de travailler le vendredi après-midi.
- Mettre des mots étrangers sur un menu ne rend pas la nourriture meilleure.
- Quand on investit dans les chemins de fer, ils sont plus efficaces.
- Si les Français décident d'ignorer une réglementation européenne, personne ne pourra les forcer à obéir.

Premier commandement

Parfois pourtant, les Français ont tort
(*bien qu'il soit peu prudent de le leur dire*)

- Plus on se vante sur le plan sexuel, plus on est un bon coup.
- Tout le monde adore être un fumeur passif.
- La pétanque est un sport.
- Les ponts d'autoroute sont si beaux qu'ils méritent d'être immortalisés sur des cartes postales.
- La Terre ne tourne pas autour du Soleil. Elle tourne autour de Paris.
- Benny Hill représente l'avant-garde de la comédie anglaise.
- Les paroles d'une chanson sont si essentielles que l'on n'a pas besoin de mélodie.
- Supertramp est un groupe branché.
- Dans une file d'attente, on gagne le respect à passer devant quelqu'un.
- Tous les films devraient parler de la vie amoureuse du réalisateur. (C'est pour cela que les Français aiment tellement Woody Allen.)
- Manger de la cervelle de veau et de l'anus de porc est cool.
- Les végétariens n'ont pas de vie sexuelle.
- Beaucoup de clients, en vérité, ne désirent pas être servis.
- L'énergie nucléaire n'est absolument pas polluante.
- Johnny Hallyday est connu dans le monde entier.

- Serge Gainsbourg était sexy.
- Plus on rit fort à ses propres blagues, plus on est drôle.
- Les Français ont inventé les frites. (Le reste du monde reconnaît que ce sont les Belges, à l'exception des Britanniques qui en revendiquent aussi la paternité.)
- Un mot n'existe pas s'il n'est pas dans le dictionnaire.
- En cas de brouillard sur l'autoroute, il est recommandé de conduire le plus vite possible pour sortir rapidement de la zone de faible visibilité.
- Les feux rouges ne sont pas toujours les mieux placés pour savoir s'il faut s'arrêter.
- Les zones classées inondables ne sont pas inondées. On peut par conséquent y construire sans danger.
- On peut soigner n'importe quoi en s'enfilant le bon médicament par-derrière.
- Tous les Américains se soucient assez de la France pour savoir où elle se situe sur la carte.
- Tous les Britanniques sont polis.

Des Français en train de protester après qu'on leur a dit qu'ils devraient travailler le vendredi après-midi.

2ᴱ COMMANDEMENT

Tu ne travailleras point

TU NE TRAVAILLERAS POINT

« La vie n'est pas le travail : travailler sans cesse rend fou. » Non, ce n'est ni un anarchiste, ni un artiste, ni un aristocrate français qui a dit cela. C'est Charles de Gaulle à son ministre de la Culture, André Malraux. Tout un programme politique, non ?

Les Français disent qu'ils travaillent pour vivre alors que les Anglo-Saxons, eux, vivent pour travailler. Pour un Britannique, aller au bureau à 5 heures du matin, sauter le repas de midi et travailler jusqu'à minuit pour conclure une affaire à New York suscite l'admiration. Le Français, lui, a mieux à faire.

Il a raison.

Si on avait le choix, qui ne serait pas d'accord pour gagner moins d'argent mais, en échange, pouvoir dormir deux heures de plus le matin, profiter d'un long déjeuner gastronomique, et passer la soirée à mordiller le lobe de l'oreille de la personne aimée (ou toute autre partie mordillable) ?

C'est exactement pour ça que je suis venu vivre en France. Je travaillais pour une société britannique qui m'offrait régulièrement promotions et augmentations de salaire, et j'étais très fier de moi jusqu'à ce que je remarque que je n'avais ni week-end ni soirée et que je ne me souvenais guère de ce à quoi ressemblait ma compagne (surtout du fait que je buvais tellement à peine sorti du bureau que j'étais dans le brouillard presque chaque soir).

J'ai donc pris un travail en France avec moins de stress, moins de responsabilités et moins d'argent. Et j'ai immédiatement adopté la philosophie française : se donner trop de peine conduit précisément à trop de peine.

Week-end prolongé

En jetant un coup d'œil sur un agenda français, on peut avoir l'impression que personne ne travaille jamais dans ce pays. Et essayer d'appeler un bureau par téléphone un vendredi après-midi le confirme généralement.

Les travailleurs français bénéficient de onze jours fériés : le jour de l'an, le lundi de Pâques, le 1er Mai, le 8 Mai, l'Ascension, le lundi de Pentecôte, le 14 Juillet, l'Assomption, la Toussaint, le 11 Novembre et Noël. Les mauvaises années, le 1er et le 8 Mai peuvent tomber pendant le week-end et ne sont pas rattrapés par un jour de semaine férié. Mais les années de chance, ils tombent un mardi et les travailleurs font le « pont ». Ainsi, les deux premiers week-ends de mai et celui de l'Ascension (entre mi-mai et mi-juin) deviennent des week-ends de quatre jours, ce qui, en y ajoutant le lundi de Pentecôte, donne quatre longs week-ends sur six. Ces années-là, le Français prend presque autant de jours de congé en mai et juin qu'un Américain en un an. Et il lui reste encore presque toutes ses vacances à prendre.

Un tel calendrier, en sus des cinq semaines de congés payés et des RTT, s'ajoutant au précepte « Travaille pour vivre, ne vis pas pour travailler », peut conduire les Français à adopter ce qu'on peut appeler une attitude détendue au travail. À partir du vendredi midi, ils sont déjà accaparés par l'organisation du week-end. Travailler avec les Français n'est pas nécessairement un problème. En effet, quand ils sont effectivement au travail, ils sont très productifs. Il faut juste choisir le bon moment pour leur adresser une demande. Ne cherchez pas à obtenir quoi que ce soit entre 12 et 14 heures, après 11 heures le vendredi, ou entre le 1er Mai et le 31 août. En fait, c'est assez simple.

Longue vie aux trente-cinq heures !

Dans le cadre de l'accord sur la réduction du temps de travail signé en 2000, j'ai eu cinquante-neuf jours de vacances par an, plus onze jours fériés. Total : quatorze semaines par an. Tout cela, dois-je ajouter, sans réduction de salaire[1]. Quand je m'en suis vanté

---

1. Avec une ingratitude typiquement anglo-saxonne, c'est à ce moment-là que j'ai décidé d'écrire des livres pour « taquiner » les Français.

Deuxième commandement

auprès de mes amis et de ma famille, j'ai senti une vague de jalousie traverser la Manche et l'Atlantique.

Contrairement à une idée répandue chez les patrons, la semaine des trente-cinq heures n'est pas destinée à conduire à la faillite toutes les entreprises françaises. Elle vise à créer des emplois. Dans la mesure où la semaine de travail est réduite d'environ 10 %, logiquement, une équipe de dix personnes aurait désormais besoin d'une personne supplémentaire pour rattraper les heures perdues. De généreuses subventions ont été promises aux sociétés acceptant de recruter 10 % d'employés en plus, et le gouvernement a espéré créer à l'époque 700 000 emplois de cette façon.

Cela a bien fonctionné avec les entreprises employant de nombreuses personnes à la même tâche. Mais je travaillais pour un magazine comptant dix employés. Pour compenser nos heures perdues, notre nouvelle recrue aurait dû travailler 10 % comme rédacteur en chef, 20 % comme rédacteur, 20 % comme maquettiste, etc.

Dans la pratique, nous n'avons recruté personne. On nous a juste dit que nous devrions tous être 10 % plus efficaces pendant notre temps de travail réduit. Ce que nous avons fait. Ce n'est pas difficile d'être plus productif quand, à la clé, il y a vingt-deux jours de vacances en plus. Le travailleur français ne va pas se donner un mal de chien pour être désigné meilleur employé du mois et avoir sa bobine accrochée au mur. Mais si on lui promet plus de bon temps, il peut faire des merveilles. Un rapport de l'OCDE dit que la productivité a augmenté de 2,32 % entre 1996 et 2002 en France, contre 1,44 % dans le reste de l'UE.

Les économistes « anglo-saxons » prédisent un krach en cas d'introduction d'une telle mesure dans leurs pays. Ils ont peut-être bien raison. Car il y a une différence majeure entre les Français et les Anglo-Saxons. Donnez un long week-end à un Français et il saute dans sa voiture française, la remplit d'essence française, part sur les côtes, montagnes et campagnes de France, et passe trois ou quatre jours à manger et boire de la nourriture et du vin français. Offrez la même chose à un Britannique et il sautera dans un jet irlandais, direction la Bulgarie.

Les Français voyagent beaucoup à l'étranger, mais une part considérable de leur argent reste chez eux. C'est presque trop beau pour être vrai, mais c'est pourtant ainsi : travailler moins est bon pour l'économie française.

Haro sur la semaine de trente-cinq heures ?

Sous la pression de patrons qui expliquent payer un temps complet pour un temps partiel et d'hommes politiques de droite qui soutiennent que le modèle anglo-saxon de surmenage forme le caractère, le gouvernement français a récemment autorisé les entreprises à supprimer la semaine de trente-cinq heures. Mais chacun sait que toute tentative d'enlever un droit à des travailleurs français aboutit à une grève nationale. Du coup, l'augmentation du temps de travail est gérée de façon typiquement française : les patrons devront négocier l'augmentation avec leurs salariés, qui peuvent refuser et conserver leurs trente-cinq heures ; et si la semaine de travail revient à trente-neuf heures, les patrons devront *racheter* les heures au taux salarial de l'employé. Autrement dit, le patron devra donner quatre heures de paie supplémentaire, soit une augmentation de 10 %.

Et on dit que c'est bon pour les patrons ?

Un état d'esprit

Ceux qui ont la réputation d'être les plus relâchés durant les heures de bureau sont les fonctionnaires. Coluche avait l'habitude de dire : « Ma mère était fonctionnaire et mon père ne travaillait pas non plus. »

Selon les statistiques officielles, la France compte environ 3,3 millions de fonctionnaires et agents publics. Mais un magazine français a récemment estimé qu'ils représentent un peu plus du quart des travailleurs français, soit 6 millions. Quel que soit leur nombre, tout gouvernement qui essaie de réformer la fonction publique le fait à ses périls. S'il annonce, par exemple, un plan touchant l'Éducation nationale, ce n'est pas seulement 2 millions de salariés qui se mettent en grève mais aussi tous les étudiants du pays qui n'aiment rien tant qu'un peu d'éducation à l'émeute en vue de leur future vie d'adulte.

Les pires fonctionnaires sont aussi ceux qui ont les plus belles carrières. C'est bien connu : la seule façon de se débarrasser d'un responsable de la fonction publique totalement inefficace est de le promouvoir et de l'envoyer empoisonner un plus grand service.

Il en est de même pour les secrétaires des fonctionnaires. Un de mes amis, qui est chercheur, a eu une secrétaire qui avait installé un poste de télévision dans son bureau pour pouvoir regarder l'après-midi des feuilletons américains en français. Il s'en est plaint au chef de service, qui lui a répondu qu'il ne pouvait rien y faire : s'il la contrariait, toutes les secrétaires de l'Institut se mettraient en grève. Mon ami a subi cette situation pendant deux ans jusqu'à ce qu'il trouve enfin un autre chercheur qui en faisait tellement peu que cela lui a pris six mois avant de remarquer que sa précédente secrétaire avait pris sa retraite et six autres mois pour voir que la téléspectatrice l'avait remplacée. Si le directeur d'une école souhaite se débarrasser d'un enseignant qui montre un DVD à chaque cours, se saoule tous les midis et revient régulièrement des vacances d'été avec deux semaines de retard, il devra de la même manière proposer au contrevenant une mutation dans une école d'une région plus en vue. J'ai travaillé un an comme assistant d'anglais dans un lycée de Perpignan et, si certains professeurs d'anglais se souciaient bien des élèves, plusieurs autres n'étaient là que pour aller skier dans les Pyrénées et pratiquer les sports nautiques en Méditerranée. Lors d'un cours typique auquel j'ai assisté, le professeur a mis une vidéo de Charlie Chaplin (parfait pour travailler la conversation en anglais), crié aux élèves de se taire, puis est parti fumer dans la salle des profs. Très pédagogique. La seule chose que le proviseur aurait pu faire était de le persuader de se faire muter à Saint-Tropez.

Du travail pour nos enfants

Avec toutes ces incitations à la paresse, c'est un miracle que les Français accomplissent quoi que ce soit. Et pourtant ils y arrivent. Sans en avoir l'air, ils construisent des ponts, des autoroutes, des voies ferrées et des villes entièrement nouvelles à une vitesse incroyable. Comment font-ils ?

Règle n° 1 : ne jamais prêter l'oreille aux opposants écologistes. Une bande d'amoureux des arbres marchant en sandales ne veut pas que la nouvelle ligne de TGV coupe à travers leur vallée ? Soit, mais les gens doivent pouvoir rejoindre rapidement les plages ou les stations de ski. Et en moins de temps qu'il n'en faut pour fixer la date d'une enquête publique préliminaire en Grande-Bretagne, la nouvelle ligne ferroviaire est construite.

Règle n° 2 : les grands chantiers se font en famille. Comparez, par exemple, les stades nationaux en

France et en Angleterre. Quand les Français décident de construire un nouveau stade pour la Coupe du monde de 1998, ils confient le travail à des sociétés françaises. En janvier, six mois avant le début du tournoi, c'est fini. Quand la Grande-Bretagne se dit qu'elle a besoin d'un nouveau stade, elle détruit l'ancien, délègue la construction à une compagnie étrangère et perd instantanément le contrôle des coûts et des délais[1]. Au final, le stade est livré en retard et s'avère le plus onéreux au monde.

Vive la méthode française !

Inefficace efficacité

Les Anglo-Saxons se fixent toujours des objectifs. Cela leur donne le sentiment d'être très efficaces, même lorsqu'ils ne les atteignent pas. Ils s'enorgueillissent, mais oui, d'avoir augmenté le nombre d'objectifs fixés par jour de 10 %. Ils en ratent 90 %, d'accord, mais en se donnant demain de nouveaux objectifs, ils amélioreront l'efficacité de leur programme de cibles. Et pour le prouver, ils produisent plein de jolis graphiques sur Powerpoint.

---

[1]. Quand je le raconte aux Français, ils trouvent très drôle que les Anglais aient donné la construction de leur stade national aux Australiens, leurs grands rivaux en sport. J'ai du mal à les convaincre que ce n'est pas une blague.

Deuxième commandement

Les Français, quant à eux, se donnent beaucoup moins de buts au travail. Il existe deux raisons majeures à cela.

Premièrement, à l'école, le moindre exercice est évalué sur une note de 20, dûment enregistrée sur un carnet. Quand ils arrivent sur le marché du travail, ils sont traumatisés par le souci des résultats. Deuxièmement, ils n'osent pas se donner trop d'objectifs car ils ont peur de les rater[1]. Pourtant, et de façon assez perverse, ce manque d'objectifs ne les rend pas moins efficaces.

Regardez le tracas causé par l'obsession des Britanniques pour le courrier prioritaire. Les Français aussi ont deux catégories de courrier. Mais ils se fichent de savoir si leur courrier prioritaire (ou « tarif normal », comme ils l'appellent modestement) arrive dans les vingt-quatre heures. Les milieux d'affaires s'accommodent très bien de n'ouvrir que les lettres qu'ils ont effectivement reçues plutôt que de s'inquiéter de celles qui pourraient encore être en chemin.

Les Britanniques sont tellement obsédés par les statistiques sur leur performance que celle-ci, en fait, se dégrade. Je me trouvais récemment dans un train allant de Londres à l'aéroport de Luton, et voulais m'arrêter à mi-chemin, à St Albans. À la sortie de Londres, on annonce que, le train accusant un retard de dix minutes, il ira directement à l'aéroport afin de ne

---

1. Pour le Stade de France, les délais n'avaient pas été imposés par les Français eux-mêmes mais par la Fifa.

pas manquer son but. Comme la plupart des passagers, j'ai dû sortir du train et attendre le suivant vingt minutes. Résultat : le train arriva à l'heure, pas les passagers. Un coup de génie de la gestion à l'anglaise.

Un train français, même le plus détérioré, ne fera jamais cela. Il cheminera jusqu'au terminus, avec quelques minutes de retard, et les usagers termineront de lire le journal ou enverront quelques textos de plus, sans se soucier le moins du monde des dix minutes théoriquement perdues.

Les trains de l'Hexagone tombent bel et bien en panne et peuvent être terriblement en retard mais, de façon générale, ils sont beaucoup plus efficaces que les trains d'outre-Manche et je suis convaincu que c'est parce que les chemins de fer français passent moins de temps à scruter les retards que les trains eux-mêmes.

L'art de la réunion (et de la parlote)

Avant de venir travailler en France, je croyais naïvement que les réunions étaient faites pour prendre des décisions.

J'ai vite appris qu'en France, le but d'une réunion est de s'écouter parler (et de ne porter attention aux autres que si c'est strictement nécessaire). Si vous voulez qu'une décision soit prise, vous devrez organiser une autre réunion.

Dans le groupe de presse où je travaillais, on fixait une heure de début et de fin à chaque réunion. Gare

Deuxième commandement

à celui qui tenterait de conclure en avance ! Si le but d'une réunion était, par exemple, de choisir le nom d'un nouveau magazine et que deux heures étaient prévues pour cette réunion, il aurait été impensable qu'un excellent nom suggéré au bout de dix minutes soit jamais adopté.

Cela m'est arrivé une fois au cours d'une réunion que, d'ailleurs, je présidais. J'avais réussi à mettre fin à la discussion moins d'une demi-heure après son début. Quand ma patronne s'est rendu compte de l'évacuation prématurée de la salle de réunion, elle a insisté pour qu'on fasse une nouvelle réunion afin de savoir si nous avions bien abouti à la bonne décision.

Nos réunions avaient rarement un ordre du jour et, quand elles en avaient, il était pratiquement toujours ignoré. Dès le deuxième sujet de discussion, quelqu'un se mettait à philosopher sur une idée qu'il avait eue en regardant fixement les dix points à l'ordre du jour et, tout d'un coup, nous étions si loin du thème initial que nous n'en retrouvions jamais le fil. Les huit points restants n'étaient jamais traités.

Pourtant, cela ne nous rendait pas moins efficaces. J'ai découvert qu'il est parfois préférable de ne pas prendre de décision : quand on arrive enfin à trouver la solution au problème, soit il s'est résolu de lui-même, soit il est devenu caduc. Mieux vaut ne rien décider que de se tromper : l'« inefficacité » française est plus efficace. Vive l'inaction !

Tu ne travailleras point

Je fais grève, donc je suis

Les Français font beaucoup la grève et ce, pour une raison évidente : leurs grèves sont spectaculairement efficaces.

Ce succès est notamment dû au fait que ce n'est pas un syndicat des cireurs gauchers de carburateurs qui se met à faire blocage mais tout un secteur industriel, voire le pays entier. Du coup, le gouvernement et les patrons font presque toujours marche arrière. Ainsi, si la CGT mobilise tous ses membres, elle peut paralyser des trains, des bus, des usines, des hôpitaux, des centrales électriques et des chaînes de télévision (ce qui n'est parfois pas une mauvaise chose).

Souvent, ce qui affaiblit vraiment un mouvement de grève, ce sont les syndicats eux-mêmes car ils sont farouchement concurrents entre eux. Ainsi, une grève des transports à Paris peut être sapée par le fait que, tandis que tous les chauffeurs CFDT votent une reprise du travail, ceux de Sud continuent de faire grève, rien que pour embêter leurs homologues.

Les causes des grèves sont parfois purement symboliques. Par exemple, les conducteurs de train décident que le gouvernement devrait faire davantage pour améliorer le quotidien des salariés de base. Ils appellent donc à une journée de grève et privent ainsi ces mêmes travailleurs d'une journée de salaire. Certains disent que l'une des raisons pour lesquelles Paris a perdu les Jeux de 2012 est qu'une grève des

Deuxième commandement

transports de vingt-quatre heures a été décrétée le jour où le Comité olympique visitait la ville. Les autorités municipales ont supplié les syndicats de retarder le mouvement d'un jour, mais se sont entendu dire qu'il était trop compliqué de changer la date. La grève eut lieu, le Comité olympique eut le spectacle d'un réseau paralysé, et Londres décrocha les Jeux.

En France, il y a pratiquement toujours une ville dont les transports publics sont bloqués à cause d'une grève. Paris est habituellement visée en hiver, dès qu'il commence à faire mauvais temps. Les raisons données varient. Parfois, c'est parce que des conducteurs ont été attaqués sur des lignes de banlieue et veulent davantage de protection. D'autres fois, il s'agit uniquement d'une démonstration de force, sans revendication précise.

Les deux premiers jours, c'est le chaos total, avec des bagarres qui éclatent pendant que ceux qui descendent du bus s'appuient lourdement sur la tête de ceux qui montent. Puis les choses se calment et une sorte de solidarité résignée s'installe. Les gens sans voiture se mettent à faire du stop pour aller au travail, ressortent leur vélo de la buanderie, ou choisissent d'aller à pied. Et lorsqu'ils sont interrogés sur les chaînes de télévision, ils déclarent le plus souvent soutenir les grévistes. Au bout du compte, toute grève en faveur des droits d'une catégorie de salariés profite à tous les salariés. Et surtout, bien sûr, si un groupe de salariés fait grève, tout le monde a une bonne excuse pour travailler moins.

Tu ne travailleras point

Frapper un grand coup

Les grèves nationales sont généralement l'occasion de faire la fête. Les grévistes envahissent la rue et l'heure est au carnaval. Les syndicats déploient leurs banderoles et distribuent leurs tracts. Des trains et des bus entiers de grévistes au visage peinturluré, chantant et riant, migrent vers les grandes villes. Les rues servent de caisses de résonance au hurlement des mégaphones et au glapissement des chefs syndicaux à qui cette notoriété nouvelle monte au cerveau[1]. Les cafés situés sur le trajet de la manifestation font fortune tandis que les manifestants pleurent à cause de la fumée qui s'élève des stands de merguez le long de leur route.

À l'issue de la manifestation, comme les médias sont toujours friands de le montrer, les yeux des manifestants peuvent s'embuer pour une tout autre raison. Depuis quelque temps, les défilés en France ont tendance à s'achever dans des nuages de gaz lacrymogène et des charges à la matraque. Cela n'est pas dû au fait que les grévistes perdent leur sang-froid – les grèves, comme je l'ai dit, sont davantage l'occasion de faire la fête que de se livrer au saccage –, mais au fait que les grandes foules attirent les gangs de casseurs. Ces derniers sont souvent des jeunes des banlieues pauvres de la ville qui voient là

---

1. Tout à fait par hasard, les trains et les bus qui emmènent les grévistes manifester ne sont jamais bloqués par la grève.

Deuxième commandement

une occasion d'aller piller les magasins, voler les portables des manifestants des classes moyennes, et balancer des projectiles sur la police.

Quand la manifestation se termine, les manifestants se dispersent pour attraper le train ou le bus qui les ramène chez eux, ou pour aller boire un verre d'autosatisfaction. C'est à ce moment-là que les casseurs prennent le relais. Les policiers en civil passent alors à l'attaque et procèdent à des arrestations médiatiques en traînant de jeunes hommes par les cheveux sur le macadam. La police antiémeute fait son show de gladiateurs. Et les médias internationaux font leurs gros titres : « Paris assiégé ».

Pourtant, comme tout dans la société française, ces émeutes sont parfaitement orchestrées. Les manifestants avertis s'écartent bien avant que la mutinerie démarre. Les résidants garent leur voiture à quelques rues du parcours. Les commerçants baissent leurs rideaux de fer. Beaucoup de groupes de manifestants engagent désormais leurs propres services d'ordre pour identifier et expulser les casseurs. Lors de récentes manifestations d'étudiants, ce sont les parents qui ont assuré la patrouille, se faisant les baby-sitters de la manifestation. Rien ne doit gâcher la fête !

La tête en bas

L'une des raisons pour lesquelles, même lors de longues grèves des transports, les Français partagent un sentiment de solidarité avec les grévistes, vient du fait qu'ils ressentent une haine profonde pour leurs patrons. Depuis que les révolutionnaires ont décapité l'aristocratie, la France a eu amplement le temps de créer une nouvelle élite et celle-ci fait tout pour garder ses distances avec le peuple rustre du bas de l'échelle. TF1 a voulu faire une série de télé-réalité dans laquelle un patron d'entreprise passerait une journée à y effectuer le travail le plus subalterne. La chaîne n'a pas pu trouver un seul volontaire parmi les patrons français. Finalement, ils ont dû prendre un Belge. Bien que les Français se moquent des Britanniques et de leur système de classes sociales, l'école dans laquelle on a étudié est beaucoup plus importante en France qu'au Royaume-Uni. Parmi les principaux hommes d'affaires de Grande-Bretagne, combien sont allés à Eton ou à Oxford ? Pratiquement aucun. En France, en revanche, tant les secteurs public que privé sont fondamentalement dirigés par des diplômés de l'ENA.

Combien de gens ai-je entendus se plaindre que leur service venait d'être confié à un jeune énarque ne connaissant absolument rien du job et se mettant immédiatement à saboter des pratiques de travail parfaitement valables pour appliquer des théories caduques qu'il venait d'apprendre à l'école ? Dans le cursus français, les mathématiques sont la matière la plus importante. En général, il est considéré plus utile d'être capable de faire des calculs complexes et de produire de jolis graphiques que d'avoir le sens des affaires.

Deuxième commandement

De nombreux hommes politiques français sont issus de l'ENA, ce qui explique pourquoi ils semblent savoir si peu gérer un pays – un peu comme les monarques, en fait. Les Français le savent. J'ai entendu une blague qui peut aussi bien viser l'ENA, HEC ou l'École polytechnique. Voici :

Une course d'aviron a lieu entre des diplômés de l'ENA et une équipe de travailleurs ordinaires. Il y a dix rameurs par bateau. Les travailleurs gagnent la première course d'une demi-longueur. Les énarques font une étude, concluent que leur équipe manque de leaders et remplacent deux de leurs rameurs par un directeur et un entraîneur.

L'ENA perd la seconde course de trois longueurs. Les énarques organisent une deuxième étude et concluent que les huit rameurs n'étaient pas assez motivés. Trois sont remplacés par un chef d'équipe, un coordinateur et un responsable du contrôle qualité. Il y a désormais cinq dirigeants et seulement cinq rameurs.

L'ENA perd la troisième course de vingt longueurs et décide que l'ensemble du fonctionnement de son aviron nécessite une révision fondamentale. Tous les rameurs restants sont remplacés par des auditeurs.

Au cours de la dernière course, le bateau de l'ENA ne bouge même pas. Les auditeurs tranchent que l'aviron n'est pas une activité intéressante et qu'elle doit être immédiatement arrêtée. Les diplômés de l'ENA s'en fichent, ils touchent de grosses primes et sont envoyés améliorer la productivité ailleurs.

Éternels étudiants

Dernière incongruité : aux yeux d'un responsable des ressources humaines français, même si quelqu'un a créé sa propre société, fait une petite fortune avant de la revendre à une multinationale, son expérience ne comptera pas autant que ses deux années en école de commerce.

Dans le magazine où je travaillais à Paris, un seul des six journalistes anglophones avait un diplôme de journalisme. Nous, les Angliches, étions hors système. Mais c'était un fait connu dans la boîte qu'aucun candidat français n'obtiendrait même un entretien s'il ne pouvait mettre le nom d'une école de journalisme sur son CV.

Je me souviens d'une note de service annonçant l'arrivée d'un directeur marketing de trente-huit ans, qui commençait ainsi : « Olivier Tartempion a un diplôme de marketing international de l'École de... » J'ai eu de la peine à le croire : à trente-huit ans, son diplôme d'école de commerce était toujours plus important que ce qu'il avait accompli depuis.

C'est la raison pour laquelle tant de jeunes quittent la France : ils ne peuvent trouver de travail s'ils n'ont pas de diplôme prouvant qu'ils peuvent faire ce travail.

Sur la ligne de front, il était bien connu que, au sein de la section française, on interrompait la bataille de la Somme à l'heure du déjeuner.

3ᴇ COMMANDEMENT

Tu mangeras

TU MANGERAS

Si la Bible avait été écrite par un Français, elle aurait contenu beaucoup plus de recettes de cuisine. Et ce commandement aurait été le premier.

On ne peut pas vivre en France si l'on ne s'intéresse pas à la nourriture. Les Français ne respectent pas les gens qui se privent de tout plaisir et, malgré ce qu'ils peuvent dire au reste du monde, ils prennent la nourriture encore plus au sérieux que le sexe. Quelqu'un qui ne grogne pas de jouissance à la simple évocation des entrailles de cochon est à peu près l'équivalent d'un moine impuissant. Les végétariens sont regardés avec une extrême suspicion, comme l'invité d'une orgie en jacuzzi qui resterait habillé et au sec.

Les documentaires télévisés qui reconstituent la vie des gens à l'âge de pierre ne s'appliquent pas du tout aux Français. Au lieu de grommeler en mâchant des morceaux noircis et informes de mammouth, les premières tribus néolithiques sédentarisées en France passaient des heures à discuter de la sauce idéale, de la durée de cuisson de la viande et de l'intensité du feu.

Troisième commandement

Alors que le Britannique de la préhistoire mangeait les morceaux du mammouth les plus riches en viande et jetait le reste à ses loups domestiqués, le Français consommait tous ses organes, y compris les poumons, le cerveau et le moindre moignon, jusqu'à la gelée se trouvant à l'intérieur de ses sabots (ou de quelque forme de pied que le mammouth pouvait avoir). Ce n'est pas un hasard si les plus belles peintures rupestres du néolithique se trouvent au centre de la France. Tous ces dessins d'animaux primitifs étaient, en fait, autant d'idées de recettes.

Donnons-nous notre pain quotidien

Les Français ont conservé certaines de leurs traditions culinaires préhistoriques. Manque total d'hygiène compris. La nourriture est prise à la main, les fromages sont vendus quand la croûte est moisie, la viande et les œufs sont mangés crus ou à demi cuits. À l'aube, les livraisons de produits alimentaires aux restaurants sont souvent laissées dehors sur le trottoir où, comme chacun le sait, les chiens font communément leurs besoins.

En somme, les Français pensent que les bactéries ont le droit de vivre et de proliférer, de préférence dans notre estomac.

Le pain est l'un des plus grands vecteurs de germes. Voyez la boulangère serrer la baguette, jouir du craquement qu'elle fait, prendre le paiement avec la même main, fouiller dans sa caisse, et transmettre toutes les bactéries de sa collection de pièces à la baguette suivante – la vôtre.

Il est courant de voir des serveurs ou des cuisiniers portant dans la rue une fournée de baguettes non enveloppées, ou tirer un chariot de pain grand ouvert. Quand le pain parvient au restaurant, il est souvent coupé en tranches par le serveur qui a aussi pris de l'argent avec ses mains. Les paniers servis à une table, palpés par les clients, sont rapportés vers la planche à pain et les morceaux de baguette restants sont réutilisés pour remplir un nouveau panier. Ainsi, le morceau de pain avec lequel on sauce la vinaigrette dans son assiette peut avoir été serré par la boulangère, frotté sous l'aisselle d'un serveur, tripoté lors d'un autre repas voire être tombé par terre, avant qu'on le mette dans sa bouche. Délicieux.

Et pourtant, cela semble ne causer de mal à personne. Il n'y a guère d'épidémie de salmonelles ou d'intoxication au colibacille et les allergies alimentaires n'existent pratiquement pas[1]. Chaque année, certes, des épidémies de gastro-entérite déferlent sur le pays, mais les Français paraissent considérer cela comme un rite d'initiation. Le corps tombe malade, puis rejette le virus et devient plus fort. Un peu de maladie est bon pour la digestion.

---

1. Il est vrai que cette absence d'épidémies publiques a peut-être davantage à voir avec l'amour de la France pour le secret. Voir le septième commandement.

C'est la raison pour laquelle, sur les plages, on voit davantage d'adultes que d'enfants munis de petits filets de pêche. Ils ramassent dans une eau douteuse des crevettes, des moules ou toute chose ayant de près ou de loin l'apparence d'une huître, ils les rapportent dans un seau à la maison et les ingurgitent aussi sec.

Toute intoxication alimentaire qui en résulte et qui ferait renoncer à jamais aux fruits de mer la plupart des gens est perçue comme un coup de malchance. Une de mes amies françaises qui a passé une semaine à vomir après un voyage de ramassage de moules en Normandie m'a raconté cela avec une incroyable philosophie. « La bouche d'évacuation des égouts est de l'autre côté de la baie ; ça allait, tu vois, m'a-t-elle dit. Mes grands-parents mangent ces moules depuis des années et ils n'ont jamais été malades. »

Les Français vivent au frais

Les supermarchés américains et britanniques ont fait de gros progrès depuis le temps où les raisins étaient vendus grain par grain, enveloppés sous cellophane, et que les seuls fruits du jardin en vue étaient de pauvres pommes trop reluisantes. De nos jours, les marchés fermiers nous rappellent, à nous Anglo-Saxons, que la nourriture vient plus souvent de la terre que des usines. Les marchés français, eux, n'ont pas besoin de s'appeler « fermiers ».

Tu mangeras

Même le plus urbain des marchés parisiens donne l'impression qu'il a un pied dans la campagne.

Car les Français continuent d'aimer manger des produits frais et de saison. Comme partout ailleurs en Europe, on peut y acheter en plein hiver des fraises espagnoles artificiellement mûries. Mais l'été venu, les étalages regorgent de gariguettes, longues, au rouge tirant sur le rosé, très juteuses et d'une saveur que la version hivernale ne peut tout simplement pas avoir.

Des vacances estivales en France, surtout dans le Sud-Ouest, se parent d'une couleur orange éclatante, celle de la chair du melon charentais. Sur de nombreux marchés, des étals entiers ne vendent que cela. Pour vérifier s'ils sont mûrs, on ne les presse pas, on leur renifle la queue, comme les chiens. Un melon mûr sent le melon sucré (c'est logique, vraiment). Et s'ils sont parfaitement mûrs, leur chair est dense, d'un orange profond et ils ont déjà un petit goût de porto.

Quelques semaines plus tard, les figues arrivent. Les entrailles rouges et collantes d'une figue mûre à exploser sont comme une confiture naturelle, plus juteuses et sucrées que n'importe quel autre fruit de l'hémisphère Nord à ce moment de l'année.

Ainsi en est-il aussi du raisin muscat, pourpre, comme poussiéreux et infiniment plus moelleux que les torpilles croquantes et brillantes, presque transparentes, habituellement vendues dans les supermarchés anglais. Le presser dans la bouche est comme boire un vin encore vierge.

Troisième commandement

Avec les premiers jours de l'automne, tous les étals de légumes sont envahis par les champignons, tourbés et comme fumés. Certains, c'est vrai, proviennent de la région de Tchernobyl, mais beaucoup viennent directement des forêts françaises, prêts à être lavés, sautés puis noyés dans une omelette, pour une des expériences les plus érotiques que j'aie eue avec des œufs depuis le film *La Fille qui aimait s'enduire de jaune d'œuf*. La dégustation de l'omelette aux champignons procure d'autant plus de plaisir qu'elle n'est possible que pendant quelques semaines, quand les meilleurs champignons sont disponibles en ville.

Toute cette nourriture est parfaitement fraîche. Dans beaucoup de régions du pays, on peut avoir au restaurant un repas où les ingrédients utilisés, à part les agrumes, le café et le sucre, viennent tous de cinquante kilomètres à la ronde. L'île de Ré, au large de La Rochelle, regorge de fruits de mer et de toutes sortes de légumes ; elle a son propre vin et sa propre bière, et on y produit beurre, fromage et viande. Une douzaine d'huîtres fraîches avec un petit verre de vin blanc du cru, voilà l'un des meilleurs casse-croûte dont on peut rêver (pour la moitié du prix d'un sandwich SNCF).

Bref, les Anglo-Saxons ont peut-être quelques chefs prestigieux, mais les Français, eux, ont aussi de la nourriture de prestige.

Tu mangeras

Oui, les femmes françaises grossissent

Un coup d'œil sur une plage française normale suffit à réfuter la théorie selon laquelle les Françaises ne grossissent pas. Idem pour les hommes et les enfants. Beaucoup de gens en France ont succombé aux plaisirs de la malbouffe et d'un régime sans sport. Mais globalement, les Français grossissent moins que d'autres. Pourquoi ?

Voici une semaine typique des plats proposés à midi dans un restaurant parisien. Lisez et essayez de deviner qui mange cela.

LUNDI

Salade de betteraves avec croûtons, couscous d'agneau aux légumes bouillis, yaourt sucré, fruits de saison.

MARDI

Salade de carottes râpées avec sauce au citron, rôti de porc à la sauce moutarde, petits pois, gruyère, fromage blanc avec fruits au sirop.

MERCREDI

Laitue aux avocats, steak grillé aux flageolets, saint-nectaire, salade de fruits.

JEUDI

Salade de pommes de terre à l'estragon, curry de dinde avec haricots verts, fromage des Pyrénées, fruits de saison.

Troisième commandement

VENDREDI
Salade de carottes, chou et maïs, cabillaud à la sauce hollandaise, riz aux légumes, camembert, crème au chocolat.

Alors, qui a eu cela au déjeuner ? Les habitués d'un restaurant avec menu du jour ? Les employés d'un musée parisien ? Le personnel d'Air France ? Non. Ceci est le menu typique d'une semaine dans une cantine scolaire du 4ᵉ arrondissement de Paris.

Un jour seulement, un jeudi à la fin du mois, il y a des frites au menu. Seuls deux jours sont sans salade fraîche en entrée, remplacée une fois par une soupe et l'autre fois par une tarte aux oignons. Des fruits de saison sont au dessert onze jours dans le mois.

En Grande-Bretagne, le *celebrity chef* Jamie Oliver a mené une campagne pour améliorer la nourriture dans les cantines d'école. Fini la pizza au micro-ondes avec des frites, une barre de chocolat et un soda ! Oliver a persuadé de nombreuses écoles de servir des salades, des légumes et des fruits frais. Ça marche très bien. À part les cris d'effroi de certains enfants : « Mais c'est quoi ce truc vert et froid ? Une feuille de laitue ? Aaaaah ! »

Les Français, eux, n'ont pas besoin d'un chef célèbre pour dire aux écoles comment nourrir leurs enfants, et ils croient fermement à l'éducation des papilles des jeunes générations. Pas seulement pour garantir une clientèle aux futurs fermiers français, mais aussi pour s'assurer que leurs enfants ne deviennent pas des voyous mangeant trois hamburgers par jour.

Tu mangeras

Attention, il ne faut pas s'y tromper : les gamins français aiment aller dans les fast-foods et ils rêvent d'avoir des frites à chaque repas. Mais l'école est le lieu où l'on est censé apprendre les bonnes manières, et cela comprend un « bon » régime. Les menus ne sont pas monacaux – il y a beaucoup de desserts sucrés – mais ils sont obligatoires et l'éducation du palais est une exigence aussi grande que le sont les divisions à virgule pour la formation de l'esprit. Il y a sans doute davantage d'herbes, d'épices et de sortes de fromages dans le menu mensuel d'une école française que dans le régime alimentaire de toute une vie de certains Américains.

Devenus adultes, les Français maintiennent ces habitudes alimentaires acquises dans leur jeunesse. Les employés avalent rarement un sandwich à leur bureau. La majorité de ceux avec qui j'ai travaillé prend le temps d'aller s'asseoir pour déjeuner, soit à la cantine, soit dans un café ou un restaurant. On pourrait croire que cela encourage la gloutonnerie mais, en France, les restaurants ne sont pas notés à la taille des portions. Et même si certains Français prennent effectivement deux heures pour déjeuner (le café seul peut prendre vingt minutes), ils en passent la moitié à parler et non à manger.

Comme dans tous les pays développés, les Français sont de plus en plus gros. Mais ils grossissent moins vite car la plupart d'entre eux n'aiment tout simplement pas manger des cochonneries industrielles et privilégient les repas équilibrés. En fait, c'est assez simple.

Troisième commandement

Digérer et penser à la France

Cela ne veut pas dire non plus que les Français ne prennent jamais de repas à se faire éclater la panse. Un repas de famille le dimanche à midi peut facilement durer de 13 heures à 16 heures. Et si on est invité à dîner dans certaines régions du pays – en Auvergne par exemple, où la nourriture est riche et grasse, à base de porc et de fromages crémeux –, on doit être ramené chez soi dans une brouette.

Invité au lancement du livre de cuisine d'un chef parisien, j'ai eu droit au plus gros déjeuner de ma vie. Certains des plats se sont effacés de ma mémoire (probablement pas de mon foie), mais je me rappelle très bien un steak de thon grillé, une tranche de foie gras frit, un magret de canard à la poêle, un risotto de truffes, un chariot de fromages grand comme une table de billard, un dessert composé de framboises fraîches, de rondelles de chocolat noir et d'une vraie feuille d'or, et moult amuse-gueule et biscuits pour le café. Le tout accompagné par au moins trois vins et un digestif à se brûler la gorge. J'ai dû aller m'allonger le reste de la journée pour tout digérer. Et j'ai sauté le dîner ainsi que le petit déjeuner et le déjeuner du lendemain pour m'en remettre.

Lorsque les Français ont ainsi des excès de gourmandise et souffrent d'une grave crise d'indigestion, ils appellent ça une « crise de foie ». Ce n'est pas leur faute, ce n'est pas vraiment parce qu'ils ont trop mangé, c'est juste que leur foie fait une dépression nerveuse.

Pensées à moitié cuites

Le contraire même de cet idéal gastronomique est, aux yeux des Français, la nourriture anglaise. Ils jurent que les Britanniques passent leur vie à mâcher tristement de la viande bouillie, du rutabaga trop cuit et du fromage en plastique, le tout digéré à grandes goulées de bière chaude et éventée.

Juste après être arrivé en France, j'ai invité un couple de Français pour un dîner « typiquement anglais ». En apéritif, je leur ai servi un thé léger avec un nuage de lait. On aurait dit un échantillon de la Tamise. Le plat principal était des patates non pelées et à moitié bouillies, garnies d'une cuillerée de confiture de framboise. Je leur ai dit qu'un os de mouton avait mijoté toute la journée dans l'eau salée et était sur le point d'être parfaitement bouilli.

Ils ont siroté le thé avec politesse. La femme a même pris un peu de patates, alors que son compagnon me regardait déjà comme pour me dire : « OK, j'abdique, allons au restaurant. » Le pire est qu'ils n'étaient pas tout à fait sûrs d'être l'objet d'une de mes mauvaises blagues et ils essayaient de trouver une façon polie de s'en assurer. Avant que la femme ne prenne une seconde bouchée de patates sales et pas cuites, j'ai finalement avoué et annoncé que

Troisième commandement

j'allais maintenant servir de la vraie nourriture anglaise : un curry aux légumes. Ils ont aimé. Les Français mangeraient n'importe quoi qui a du goût.

Il y a beaucoup de mets anglais que les Français adorent : les gâteaux, les biscuits, le Earl Grey, le stilton, les tranches de bacon frit, et même les petits sandwiches triangulaires. Une chose dont les Français se plaignent beaucoup, en revanche, est la qualité de la nourriture dans les restaurants britanniques branchés. Je suis d'accord avec eux. Je suis allé dans de nombreux endroits au Royaume-Uni où on avait manifestement dépensé des millions dans le décor, recruté le personnel dans des agences de mannequins et fait rédiger le menu par un lauréat de poésie, mais où les assiettes stylisées étaient remplies de cochonneries sorties du micro-ondes.

En France, on peut être certain que même le plus petit restaurant à la mode aura davantage investi dans la nourriture que dans les luminaires.

Les Français mangent bel et bien beaucoup de nourriture saine mais ils aiment autant que n'importe qui cette bouffe bizarre, graisseuse et pleine de ketchup *made in USA*. Sans le dire, la plupart des Français ont de temps en temps le fantasme d'être américains. Mordre rapidement et avec mauvaise conscience dans un hamburger leur donne l'impression de conduire sur la Route 66 ou d'avoir une aventure avec Carrie Bradshaw, de *Sex and the City*.

Tu mangeras

Un meilleur type d'alcooliques

Quand on reproche aux Français d'être une nation de poivrots, ils s'en défendent en arguant du fait qu'au moins leurs alcooliques ont du style. Comme le dit Olivier de Kersauson : « Cela m'étonne que la police fasse souffler dans le ballon pour savoir combien les gens ont bu sans pouvoir juger de la qualité du millésime[1]. »

Selon l'Inserm, plus de 20 000 décès par an sont causés en France par l'alcool. Sans compter les accidents survenus sous l'effet de celui-ci. À population égale, le Royaume-Uni n'en compte qu'environ 6 000.

Et pourtant, d'une manière générale, les Français boivent effectivement d'une manière plus civilisée que la plupart des « Anglo-Saxons », et ce depuis toujours. Dès le XIe siècle, en effet, Guillaume le Conquérant s'est dit choqué par l'obsession des Saxons à délibérément finir ivres morts. Les choses n'ont guère changé depuis. Vous n'entendrez jamais un Français dire le vendredi soir : « Allez, allons nous bourrer la gueule. » Ils finissent minables, certes. Mais c'est généralement dû à une consommation excessive lors d'un dîner ou d'une fête. Avoir la tête à l'envers est un effet secondaire de la soirée plutôt que sa raison d'être.

---

[1]. C'est lui aussi qui a affirmé un jour avoir été ralenti dans une course autour du monde par un calmar de dix-huit mètres cramponné à la coque de son bateau.

Troisième commandement

C'est pourquoi il y a tant de morts au volant (environ 40 % des décès dans les accidents de la route en France sont dus à l'alcool). En fin de soirée, après un bon dîner accompagné par beaucoup de bon vin, un conducteur respectable des classes moyennes prendra un rapide café pour « s'éclaircir les idées » et partira emboutir sa voiture dans un bus venant en sens inverse, selon la théorie suivante : après une bonne bouteille de château-margaux, on ne saurait être aussi ivre qu'un vulgaire buveur de bière anglais.

Pire, un conducteur qui n'est pas complètement cuit peut s'arrêter et acheter de l'alcool dans pratiquement n'importe quelle station-service. Les Français ne semblent pas avoir saisi la corrélation éventuelle.

Chaque vendredi et samedi, après une longue soirée en boîte, plein de jeunes fêtards terminent leur courte vie écrasés contre l'un des platanes qui longent les routes françaises. Avec une logique typiquement française, certaines régions essaient de traiter le problème en coupant, vous l'avez deviné, les platanes…

Soutenez le Fonds pour la sauvegarde du fromage

Charles de Gaulle a dit un jour : « Comment voulez-vous gouverner un pays où il existe 246 variétés de fromage ? » La réponse est assez évidente : il suffit de distribuer 246 subventions au fromage. Ainsi que des subventions au saucisson, aux olives, au vin, etc.

Tu mangeras

Cela peut paraître passablement injuste de consacrer 40 % du budget de l'Union européenne en subventions pour 2 % de la population – les paysans –, mais les Français disent que cela est nécessaire pour préserver leurs traditions alimentaires. C'est en partie vrai. Sans subventions, les producteurs locaux de fromages tellement rustiques qu'on voit l'empreinte du fermier sur leur croûte seraient submergés par une marée de pseudo-cheddars industriels sous cellophane.

Mais c'est une erreur de croire que ces producteurs français sont tous des paysans grincheux essayant de joindre les deux bouts dans une ferme avec une seule chambre et un seul âne. Nonobstant le fait que la France a ses propres sociétés multinationales agroalimentaires, certains des vieux paysans que j'ai rencontrés sont aussi doués pour la finance que les meilleurs opérateurs en Bourse de Wall Street.

Un jour, on m'a fait visiter une ferme dans le centre de la France appartenant à un vieux couple habillé comme s'ils avaient besoin d'une subvention vestimentaire : robe de nylon en forme d'étable pour elle, moyenâgeuse salopette bleue et épouvantail de chemise pour lui. Ils m'ont montré leur basse-cour à ciel ouvert, peuplée de poules décharnées, et leurs trois champs, tous vides à part quatre ou cinq vaches orange (des limousines[1]). Une vieille Renault

---

1. Ces vaches n'ont en commun avec les voitures de luxe que le nom. Il semble que les limos sont appelées ainsi car les premières voitures avec un espace fermé pour les passagers avaient

Troisième commandement

était garée dans une grange. On aurait dit qu'ils allaient crier famine d'ici l'hiver prochain.

Pas du tout. L'ami qui m'a emmené voir la ferme m'a expliqué que le vieux couple, à l'instar de tous leurs amis et parents installés dans des fermes similaires, sont très à l'aise financièrement. Ils reçoivent chaque année une subvention européenne pour planter de nouveaux pommiers, une autre pour brûler une partie de la récolte et lutter ainsi contre la surproduction, et encore une pour arracher les arbres et réduire de la sorte la production nationale de pommes. Ils rachètent des terrains partout autour du village et sollicitent de nouvelles aides pour les laisser en jachère. La famine n'est que très, très loin à l'horizon. À Bruxelles, peut-être.

Étant donné que toute tentative par le gouvernement français de réduire ces subventions entraîne le blocage des autoroutes et le dépôt de montagnes de nourriture pourrissante devant (et parfois dans) les bureaux de l'administration, il paraît difficile de retirer leurs avantages aux paysans.

D'autant que la nourriture est une question cruciale pour les responsables politiques français. L'ancien président Chirac a été accusé de fraude à plusieurs reprises. Pas simplement pour s'être rem-

---

des toits dont la forme ressemblait au capuchon des houppelandes portées dans le Limousin, et non parce qu'elles ressemblaient aux vaches, ou se conduisaient comme elles.

pli les poches. Il a été mis en examen à cause de ses généreux « frais de bouche » alors qu'il était maire de Paris. Il était soupçonné d'avoir dépensé 2,13 millions d'euros de fonds municipaux en nourriture entre 1987 et 1995, sans compter les réceptions officielles. Cela représente 4 500 euros par semaine en repas privés pour lui et son épouse. Le juge d'instruction a prononcé un non-lieu. Il semble donc qu'il s'agisse là d'une somme parfaitement acceptable en la matière.

Une autre accusation concernait l'utilisation de fonds de l'État par Mme Chirac pour assister à la fabrication de la plus grosse omelette aux champignons au monde, à Brive, en 1998. Nul doute que seul un responsable politique français pourrait risquer de se discréditer pour une omelette.

Lois et rituels alimentaires

Du fait qu'ils passent une grande partie de leur vie à table, les Français ont toujours été très à cheval sur la bienséance alimentaire. C'est le cardinal de Richelieu qui a introduit le couteau à bout rond sur les tables européennes, après avoir décrété qu'il était vulgaire pour un gentilhomme de se curer les dents avec la pointe de son couteau à la fin du repas.

Certaines des règles présentées ci-dessous peuvent paraître très sexistes, mais la France est encore un drôle d'endroit. Lors de mon premier jour de tra-

Troisième commandement

vail dans une société à Paris, l'équipe s'était réunie pour fêter Noël. Ma patronne m'a désigné pour ouvrir le champagne. Elle l'a vite regretté quand j'ai laissé le bouchon partir en l'air et qu'il a percuté le plafond avant de retomber sur sa tête. J'ai ri, comme la plupart de mes collègues. Elle a mis trois mois avant de me verser mon premier salaire.

Voici certains des rituels culinaires contemporains qui doivent être observés dans la bonne société :

- Les personnes doivent toujours être assises selon un schéma homme-femme-homme-femme. Cette règle s'applique même quand certains invités sont gays.
- Au restaurant, les femmes commandent en premier.
- À table, il doit toujours y avoir un verre pour le vin et un verre pour l'eau. Les verres à eau doivent être plus grands que ceux destinés au vin. On remplira sans doute plus souvent les verres à vin mais, au moins, un geste formel de sobriété aura été consenti.
- Du vin non français ne devra être commandé que dans un restaurant exotique, ou si toutes les bouteilles de vin français viennent d'être brisées et/ou bues par des supporters de rugby en visite.
- Au restaurant, le serveur demande qui va goûter le vin. Ce sont habituellement les hommes qui le font.
- À la maison, les premières gouttes d'une nouvelle bouteille de vin doivent être versées dans son propre verre (au cas où il reste des bouts de bouchon). Après cela, les femmes sont servies en premier, puis les hommes.

Tu mangeras

- Pour ouvrir le champagne, gardez le muselet, tenez le bouchon et tournez la bouteille. Ne laissez pas sauter le bouchon et n'essayez pas de sabrer le champagne, à moins que vous ne soyez maître d'armes.
- Les hommes ne doivent pas commencer à manger avant que la femme ait pris une première bouchée.
- Il est poli de parler de nourriture à table, mais pas de ce que vous êtes en train de manger (et pas trop longtemps de toute façon). Au restaurant, on doit cependant demander à ses convives si leur plat est bon.
- La nouvelle manie à Paris consiste à manger en utilisant uniquement une fourchette que l'on tient comme un stylo, ou des baguettes. Évidemment, cela ne marche pas pour un beau morceau de viande. Mais pour tout autre mets léger, comme une salade ou une assiette de légumes, il serait plus raffiné de ne pas toucher à son couteau. Pour couper la viande, certains Français tiennent leur fourchette à la verticale comme une broche. Les Parisiens trouvent cela vulgaire ou, pire, provincial.
- Que ce soit à table, sur un plan de travail ou dans l'évier avant que la vaisselle soit faite, on ne doit jamais croiser des couteaux. C'est un symbole de conflit (probablement au sujet de savoir qui va faire la vaisselle).
- La viande peut être servie bleue ou, pour un tartare, parfaitement crue. Il serait choquant de renvoyer en cuisine un rôti de bœuf bien saignant en

Troisième commandement

disant que ce n'est pas cuit. Si l'on veut sa viande vraiment bien cuite, il n'est pas inutile de le préciser. Certains serveurs effrontés peuvent ajouter « à l'américaine » comme option ; cela veut dire dur comme une semelle de cow-boy.
- Une salade sans sauce n'est pas une salade mais un tas d'ingrédients. Même râpées, des carottes nécessitent au minimum quelques gouttes de jus de citron. À la maison, il est courant de faire la sauce directement dans le saladier, puis de déposer la salade dessus. Ne touiller la salade qu'à la dernière minute, sinon elle sera tout imbibée et ramollie.
- On ne coupe jamais une laitue dans son assiette. Cela vient du fait que, jadis, quand les couverts étaient en argent, le vinaigre oxydait inconsidérément le métal.
- Ne manger des crustacés que les mois « en r ». Les mois d'été sont à écarter car la mer est relativement chaude et les conditions de stockage difficiles. La plupart des gens ne respectent pas cette règle lorsqu'ils mangent en bord de mer. Mais manger des huîtres à Paris en août, c'est réservé aux touristes avec un appareil digestif en acier.
- Ne jamais poser un pain à l'envers sur la table. Cela porte malheur.
- Saucez votre assiette en enfourchant un bout de pain. Ce n'est pas vraiment correct de saucer avec vos doigts, bien que les gens le fassent.
- De la même manière, on n'est pas censé tremper son croissant ou ses tartines dans le café au petit

déjeuner, mais cela semble être un crime de ne pas le faire. Personne ne vous regardera d'un mauvais œil si vous le faites dans un café.
- Si vous mangez une fondue au fromage, ne laissez pas tomber votre bout de pain au fond du caquelon. Celui à qui cela arrive a un gage.

Enfin, voici quelques règles qui relèvent moins du protocole que d'une bonne compréhension de ce qu'on a dans son assiette :
- Se souvenir qu'un petit animal à poil doux n'est pas mignon ; c'est un plat potentiel. Une remarque comme « Oh, le pauvre petit lapin » ne suscitera que rires et/ou dédain.
- Ce n'est pas parce que quelque chose sent le lisier que cela en a le goût. Le reblochon, par exemple, peut légèrement (ou pas si légèrement) sentir la chaussette trempée dans l'urine. Mais fondu et grillé sur un plat de pommes de terre, c'est sublime. Si l'on vous sert un fromage particulièrement coulant et puant, ou une saucisse, ne respirez pas par le nez et prenez-en une bouchée, vous serez peut-être agréablement surpris. Dans le cas contraire, souvenez-vous que, en France, on crache sur le côté droit.

Une autre invention française qui n'a pas été adoptée par le reste du monde : l'applicateur de suppositoires à distance.

4ᴱ COMMANDEMENT

Tu seras malade

Tu seras malade

En 1673, dans *Le Malade imaginaire*, Molière dresse le portrait d'un homme tellement obsédé par ses problèmes de santé qu'il cherche à marier sa fille à un médecin en vue d'économiser sur les dépenses médicales, et qu'il menace de l'envoyer dans un couvent si elle refuse. La pièce est censée être une satire. Pourtant, les Français semblent avoir choisi de faire de ce personnage un modèle plutôt qu'un antihéros.

À cette fin, ils ont trouvé dans l'État un complice. Le système français de Sécurité sociale est peut-être en train de rogner sur les dépenses mais il demeure l'un des plus généreux au monde, ce qui encourage les Français à être malades aussi souvent que faire se peut.

Entrer au milieu de l'été dans la pharmacie d'une station balnéaire et voir le nombre de gens qui s'y trouvent ne laisse pas d'étonner. Ces gens ne sont pas seulement en train d'acheter de la crème solaire, des préservatifs et de l'antimoustique. C'est comme si, étant en vacances, ils ont le temps de prendre conscience à quel point ils sont malades et qu'ils décident d'essayer tous les remèdes possibles. Cela fait au moins une décennie que les Français affirment que leur système de santé est sur le point de s'effondrer, mais il continue de grossir.

Et pourtant, les Français ne sont pas satisfaits[1].

Je suis allé passer un long week-end de massages et de bains aux algues marines dans un établissement thermal du sud-ouest de la France. Avant même qu'on me laisse approcher des bains chauds, j'ai été surpris d'apprendre que je devais voir un médecin qui allait me prescrire un traitement. « Ne vous inquiétez pas, la visite est remboursée », m'a-t-on dit tout de suite. J'ai sérieusement failli demander si le minibar l'était aussi.

Dans la salle d'attente, assis dans mon peignoir moelleux, j'écoutais deux personnes âgées discuter du système de santé français. Elles s'accordaient qu'il allait « à vau-l'eau ». J'ai d'abord cru qu'elles s'adonnaient à la sempiternelle plainte à propos du « trou de la Sécu » : presque chaque année, la France accuse un déficit de plusieurs milliards d'euros en dépenses de santé, ce qui n'est pas vraiment une surprise quand tous les clients de ce centre de thalassothérapie dépensent quelque vingt euros de l'argent public pour voir un médecin alors qu'ils sont juste venus profiter d'un bain à remous. Mais ce n'est pas tout à fait ce qui contrariait ces deux dames. Ce qui les

---

1. Ils ne le sont jamais.

incommodait était la difficulté rencontrée par l'une d'entre elles à persuader son médecin de lui prescrire la thalassothérapie comme un impératif médical. Elle faisait des cures depuis vingt ans, disait-elle, et la prescription avait toujours été automatique. Or, cette fois-ci, le médecin l'avait contrainte à identifier un problème spécifique à traiter – une sciatique, avait-elle fini par décider. Bientôt peut-être, ajoutait-elle, elles ne pourraient qu'aller dans des stations thermales comme celle d'Aix-les-Bains, anciens thermes romains situés dans les Alpes, réputée pour ses eaux sulfureuses et ses casinos.

Je dois reconnaître que la situation devenait catastrophique.

Quant à ma visite médicale, c'était une farce. Le docteur m'a pesé, s'est assuré que j'avais toujours une colonne vertébrale, demandé si je m'opposais à être debout contre un mur et aspergé par un puissant jet d'eau froide, puis il a coché quelques traitements sur le programme du centre de thalassothérapie.

Voyant qu'il avait prescrit deux séances d'aquagym, ce qui me paraissait un peu trop vigoureux, j'ai demandé :

« Puis-je avoir, à la place, des bains moussants aux algues marines ?

— D'accord, si vous préférez », répondit-il en corrigeant.

Ma prescription médicale hautement scientifique était prête.

Tandis que je mijotais dans une baignoire sentant le poisson, j'essayais de calculer tout ce que cela coûtait. Si ce centre accueille, disons, une centaine de clients par semaine, cinquante semaines par an, et que chacun paie vingt euros pour voir le médecin, cela revient à 100 000 euros par an. Pour la plupart des adultes, l'État ne rembourse que 70 % des dépenses de santé. Mais même avec ça, la somme, pour ce seul établissement, est conséquente. Et si 10 % seulement des personnes âgées qui y séjournent ont leur traitement intégralement couvert, on peut sans doute doubler le coût pour la puissance publique. En voulant y ajouter l'assurance payée par l'État pour les employés des thermes, j'ai perdu le fil de mon calcul mental et me suis vu faire un haussement d'épaules typiquement français (très facile à faire en paressant dans une grande baignoire). Et j'ai décidé que, finalement, ce n'était pas mon problème. Après tout, je n'ai aucune raison de me plaindre du système de santé français.

Gros lolos

Le gouvernement a pris des mesures pour réduire les dépenses de santé en encourageant l'usage de médicaments génériques et en réduisant la liste des produits remboursables. Mais aucun gouvernement n'ose se montrer trop dur en la matière de peur de perdre les prochaines élections et/ou de provoquer des manifestations de masse.

Du coup, afin de ne pas paraître complètement impuissant, le ministre de la Santé a annoncé des mesures sévères contre la fraude. Certains exemples de cette fraude médicale, cités dans la presse, sont très révélateurs.

Une femme est ainsi allée voir différents médecins soixante-quinze fois dans le mois et a obtenu des ordonnances pour douze boîtes d'antidépresseurs par jour en moyenne. Une autre a réussi à se faire prescrire un gonflement de la poitrine après avoir prétendu que ses seins avaient fondu à la suite d'un accident.

De tels abus sont le fait de personnes qui poussent simplement les limites de ce qui est possible et accepté légalement par le système de santé. Il est ainsi parfaitement normal qu'une femme ait une prothèse mammaire payée par l'État si ses seins ne sont pas suffisamment symétriques pour être exposés sur les plages de France.

Désormais, les gens sont contraints de déclarer un seul généraliste. Dans la mesure où les médecins sont payés à l'acte, ils peuvent être tentés d'être toujours plus généreux que leurs confrères afin de garder des patients capricieux.

Une de mes amies qui vient d'achever ses études de médecine est allée faire un remplacement pour un généraliste d'une grande ville de Bretagne parti en vacances. Le premier jour, un patient lui a dit qu'il souffrait de maux de tête persistants et qu'il avait besoin d'un scanner pour être sûr qu'il n'avait pas de tumeur au cerveau. Mon amie lui a dit qu'il serait préférable de l'examiner d'abord, de vérifier d'autres causes possibles et, peut-être, de faire d'autres tests préliminaires.

« Le médecin que vous remplacez m'en a fait faire un le mois dernier, lui a dit l'homme.

— Vous avez eu un scanner le mois dernier ? Avez-vous les résultats avec vous ? » lui a demandé mon amie.

Le monsieur a alors pris la mouche et décrété qu'il irait voir un meilleur docteur qui, lui, s'occuperait correctement de ses patients. Et c'est ainsi que, avec fracas, il est parti chercher chez un autre médecin son ordonnance pour un nouveau scanner du cerveau.

Cet exemple est extrême, mais mon amie m'a dit que de nombreux patients sont venus avec une véritable liste de courses pour se procurer des médicaments (souvent très onéreux) que le médecin traitant leur donnait systématiquement et sans rechigner. Son cabinet était un préalable obligé sur le chemin de la pharmacie.

Se mettre au vert

Cette dépendance nationale aux médicaments explique pourquoi, vue du ciel, la France donne l'impression d'être si éclairée : ses villes sont toutes décorées de néons verts en forme de croix signalant la présence d'une pharmacie. Je vis au centre de Paris et il y a trois grandes pharmacies dans un rayon de moins de deux cents mètres de chez moi. Ce ne sont pas des drugstores à l'anglaise ou à l'américaine, qui arrondissent leurs revenus en vendant de la nourriture, des jouets et du shampooing bon marché. Ce sont des pharmacies exclusivement médicales, qui survivent (fort bien) en pourvoyant aux prescriptions des médecins et en vendant d'autres médicaments sans ordonnance, ainsi que des produits de beauté et de santé fabriqués par des marques spécialement vendues en pharmacie.

À la différence de la Grande-Bretagne, les pharmacies en France ont le monopole de la vente de tout ce qui est médical. Récemment, au cours d'un week-end en Normandie, j'ai eu un mal de dents qui ne passait pas. Je n'ai pas dormi de la nuit, notamment parce que j'avais oublié, à mon grand désarroi, d'emporter de l'aspirine. Le dimanche matin, je suis donc allé à la pharmacie du coin, mais elle était fermée. J'ai fait tous les magasins de la ville mais aucun d'entre eux ne pouvait me vendre de l'aspirine, du paracétamol ou n'importe quel analgésique autre que l'alcool. Le barman du café m'a assuré que l'adresse de la pharmacie de garde devait être écrite sur la porte de la pharmacie fermée.

Rien du tout. Il y avait juste un numéro de téléphone au cas où on voulait savoir où se trouvait la pharmacie de garde la plus proche. Ce numéro était le 18, celui des pompiers.

J'ai appelé, me suis confondu en excuses de les déranger pour un problème relativement futile. Ils m'ont alors indiqué que la pharmacie ouverte la plus proche était à vingt kilomètres. Comme je n'avais pas de voiture, j'allais devoir payer un aller-retour en taxi, uniquement pour acheter une boîte d'aspirine. J'ai failli demander une ambulance ; on ne sait jamais, ça aurait peut-être marché…

Finalement, j'ai décidé de faire du porte-à-porte dans l'hôtel. La première personne à m'ouvrir avait dans sa trousse de toilette la panoplie complète du parfait hypocondriaque, de quoi traiter aussi bien un mal de tête que le choléra. Elle m'a donné assez de cachets pour me dépanner deux jours.

Le lundi venu, je suis allé voir mon formidable dentiste, à la consultation entièrement remboursée, et dont le cabinet semble sortir tout droit d'un film de science-fiction. De quoi se plaint-on ?

Traitement spécial

Le système connaît certes un inconvénient. Un jour, un problème de sinus m'amène chez un « merveilleux » oto-rhino recommandé par un ami. Je me rends donc à son cabinet, un appartement cossu de l'Ouest parisien qui abrite une véritable galerie d'art contemporain. Là, une sorte de concessionnaire en costume tape-à-l'œil arrive, m'emmène dans un bureau tiré d'un catalogue de design, me tâte le visage avec ses doigts bagués d'or, et me demande si je suis libre pour être opéré à sa clinique deux jours plus tard.

Il n'a manifestement pas compris ma stupéfaction. « C'est entièrement remboursé », a-t-il aussitôt ajouté. J'ai répondu que j'y réfléchirais. Il m'a donné une carte de visite digne d'un assureur, en me disant de l'appeler dès que je me serais décidé. Finalement, j'ai choisi la manière anglaise, acheté un spray nasal, et fait économiser à l'État français quelques milliers d'euros. Ils devraient vraiment m'offrir un week-end de thalasso pour me remercier.

Vive la différence

Voici quelques différences que l'on peut rencontrer entre les systèmes de santé publique britannique et français pour le traitement de certaines maladies classiques.

UN RHUME

En France
Appelez votre médecin, prenez un rendez-vous pour le jour suivant, ou peut-être le jour même. Une fois dans son petit appartement privé, attendez dans ce qui serait un salon où il y aurait un nombre anormalement élevé de magazines sur la table basse. Feuilletez les pages mode d'un *Elle* récent ou

d'un magazine d'information. Soyez accueilli par le médecin en personne, qui vient vous chercher, probablement avec seulement quelques minutes de retard (s'il n'est pas un praticien très prisé ou particulièrement inefficace). Expliquez votre problème, faites-vous examiner la gorge, palper les ganglions et prendre la température avec un thermomètre pressé sur le front ou introduit dans l'oreille (l'époque de l'exploration rectale est finie, au grand regret de certains). Écoutez votre médecin prononcer le terme grec pour un mal de gorge et le nez qui coule. Regardez-le dresser une ordonnance pour de l'aspirine, des pastilles contre les maux de gorge, du spray nasal, du baume de poitrine, des comprimés d'inhalant à vapeur, des antibiotiques au cas où les choses empirent, et (uniquement sur demande) des suppositoires. Demandez, et recevez, un certificat médical pour trois jours de congé. Payez le médecin par chèque, quittez le cabinet en lui serrant la main et en promettant de revenir si le rhume ne disparaît pas dans les jours qui suivent. Allez à la pharmacie, faites-vous remettre un sac à dos de médicaments, observez la pharmacienne faire glisser votre carte Vitale[1] pour que votre remboursement soit opéré automatiquement. Rentrez chez vous, prenez une aspirine et une boisson chaude et attendez que le

---

1. Le nom même de cette carte montre combien les services de santé sont centraux dans la mentalité nationale.

virus disparaisse naturellement. En cas de reniflement persistant, demandez un séjour aux thermes d'Aix-les-Bains.

En Grande-Bretagne
Appelez le cabinet de votre médecin, entendez-vous dire qu'il n'y a pas de rendez-vous possible avant la semaine suivante et rappelez d'ici quarante-huit heures si vous n'êtes ni guéri ni mort. Allez au supermarché, achetez une solution médicamenteuse, allez au travail et éternuez sur tous vos camarades de bureau. En cas de reniflement persistant, essayez l'acupuncture.

UN MAL DE DOS

En France
Deux options : la première, vous vous rendez chez un ostéopathe qui vous offre une séance très coûteuse, remboursée par l'État car elle est considérée comme un diagnostic, et dans certains cas cela résoudra le problème ; la seconde, vous allez chez le médecin et vous demandez un traitement de kinésithérapie. Il vous donne une ordonnance pour une vingtaine de séances. Vous vous rendez chez le kinésithérapeute une ou deux fois par semaine pour un massage ou des exercices, vous payez (une grosse somme, il est vrai) à la fin du traitement et attendez d'être remboursé directement sur votre compte en banque. Si le problème est plus grave et nécessite une opération, celle-ci

sera réalisée sous un mois, soit à l'hôpital public soit en clinique privée. Dans les deux cas, l'essentiel du coût est à la charge de l'État.

En Grande-Bretagne
Deux options aussi : la première, après avoir enfin obtenu un rendez-vous avec le médecin, vous l'écoutez vous prescrire du repos et des analgésiques et, en cas de mal persistant, vous faire revenir pour une seule séance avec le kinésithérapeute de l'hôpital du quartier qui sera peut-être disponible dans six mois ; la seconde, vous trouvez votre propre kinésithérapeute, ostéopathe ou acupuncteur, qui sera plus ou moins qualifié, vous dépensez une fortune et espérez que ça ira.

VIEILLISSEMENT

En France
Visitez plusieurs médecins, profitez d'une agréable conversation, recevez des ordonnances pour un traitement hormonal, le dernier médicament contre les rhumatismes et l'arthrite, des somnifères, des compléments en vitamines et deux semaines dans un centre de thalassothérapie (le tout est remboursé). Allez voir les compagnies du gaz, de l'électricité et de l'eau et faites-leur confirmer qu'il est illégal de vous couper l'alimentation même si vous ne payez jamais votre facture. Informez votre propriétaire qu'il est interdit de vous expulser ou d'augmenter votre loyer, même si votre bail doit être renouvelé et

que le prix du marché indique qu'il ne serait pas exagéré que vous payiez le double.

En Grande-Bretagne
Couvrez-vous bien de tous vos lainages et prenez une bonne tasse de thé. Ou déménagez en France.

Élisabeth : « Touloutoutou chapo poitou. »
Londres, 2008. Malgré tous les efforts du président Sarkozy, la reine d'Angleterre reste désespérément nulle en français.

5ᴱ
COMMANDEMENT

Tu parleras français

Tu parleras français

Au cours de l'un des derniers sommets européens avant qu'il ne quitte ses fonctions, l'ancien président Jacques Chirac a mis un point d'honneur à faire interrompre une réunion car les débats se déroulaient en anglais plutôt qu'en français. Interpellé par Chirac qui lui demandait pourquoi il ne s'exprimait pas en français, Ernest-Antoine Seillière, également présent, a répondu : « Parce que la langue des affaires est l'anglais. » C'était une vérité de trop et le président ainsi que trois de ses ministres ont quitté la salle en claquant la porte[1].

C'est ainsi, l'amertume des Français à propos de la façon dont leurs inventions sont ignorées n'a d'égal que leur sentiment que le monde a été privé de sa langue universelle légitime : le français. La France croit

---

1. Ce qui a particulièrement contrarié Chirac était que le sujet du débat était le protectionnisme français. Avec une belle ironie, les diplomates ont plus tard expliqué la sortie du président par le fait que lui et ses ministres avaient besoin d'aller aux toilettes. Il s'agissait sans doute d'une plaisanterie pour initiés, la phrase préférée des Français pour dire « tu m'ennuies » étant « tu me fais chier ».

encore que le monde serait un lieu beaucoup plus diplomatique si les débats à l'Union européenne et à l'ONU se tenaient en français. Ils oublient que les ambassadeurs passeraient leur temps à pinailler sur tel ou tel subjonctif et que des pays se feraient envahir parce que personne n'aurait pu se mettre d'accord sur la terminaison d'un adjectif dans un accord de paix.

Il est une autre raison pour laquelle choisir le français comme langue universelle serait tout à fait insupportable Il s'agit d'une maladresse politique que les Français ne peuvent s'empêcher de commettre : comment peuvent-ils espérer que d'autres pays utilisent le français comme langue nationale alors qu'ils se moquent sans pitié de toute personne qui en fait l'effort ? Les Français rient de l'accent des francophones de Belgique, de Suisse, du Canada, de Tahiti, de Nouvelle-Calédonie, des Antilles et d'Afrique. La télévision française ajoute souvent des sous-titres quand quelqu'un parle avec un accent d'ailleurs, comme si sa façon de parler faisait tellement plouc qu'aucun spectateur civilisé ne pouvait le comprendre.

Tout cela explique l'ambiguïté avec laquelle les Français réagissent quand un étranger essaie de parler leur langue. Ils sont heureux que la personne ait été convertie (au moins provisoirement) à leur conviction que l'on doit parler français. Ils sont aussi contents de pouvoir vous dominer, en sachant quand vous faites une erreur. Mais ils éprouvent un réel plaisir quand vous le parlez sans faute. J'ai commencé à être invité sur les plateaux de télévision et les stations de radio à partir du moment où les producteurs ont constaté que je parlais bien français. Leur raisonnement est simple : l'émission n'est pas bonne si l'invité baragouine de façon incompréhensible (sauf dans certains programmes de télé-réalité, bien sûr). Mais j'ai seulement commencé à être réinvité aux mêmes émissions quand ils ont compris que je pouvais faire des blagues sans faire de faute de grammaire. Ils trouvent cela très raffiné.

Parlez-vous trop style ?

Les Français ont la crainte enracinée en eux que leur langue soit anéantie par l'anglais. Cette idée est évidemment parfaitement ridicule. Tous les adolescents français qui écoutent les pubs radiophoniques les incitant à « aller on line pour chatter avec leurs friends » sont incapables de prononcer une phrase correcte en anglais. Et pour la conversation en ligne, ils utilisent un français phonétique à base de « kes tu fé ? » et de « A 1 2 C 4 ».

Ce dont les gardiens de la langue française ont peur est précisément ce qui irrite les grammairiens et stylisticiens de n'importe quel pays, à savoir que la langue est une matière vivante qui change et que les fanatiques de la syntaxe n'y peuvent rien. Mais, plus que tout autre peuple, les Français respectent le pouvoir centralisé : pour les gardiens du temple, la langue ne peut changer que s'ils le décrètent. Chaque nou-

Cinquième commandement

veau mot admis dans la langue n'existe officiellement qu'après avoir été étudié et approuvé par l'Académie française et ses quarante membres modestement appelés « Immortels », tandis que, de *coulis* à *karaoké* en passant par *fromage frais*, les rédacteurs des dictionnaires d'anglais incluent allégrement n'importe quel mot étranger. Les Immortels pensent sauver leur langue en imposant un terme français pour chaque mot étranger. Parmi de célèbres exemples, on compte la grotesque tentative, dans les années 1980, de forcer les professeurs des écoles de commerce à utiliser *mercatique* au lieu de *marketing*, la campagne en partie réussie d'imposer le *baladeur* à la place du *walkman*, ou enfin la *gomme à mâcher*, version ridiculement littérale du *chewing gum* et logiquement vouée à l'échec.

Ceux qui détestent l'anglais ont récemment tenté de contraindre les Français à écrire *courriel* au lieu de *e-mail*. Face à leur échec et au bord du désespoir, ils ont francisé *mail* en *mel*. Toujours en vain. Les Français continuent de s'envoyer des *mails*.

La tragédie pour les Immortels, c'est que les Français, comme tous les autres, n'utilisent de dictionnaire que pour vérifier un mot qu'ils ne comprennent pas. Or ils comprennent les anglicismes puisqu'ils les entendent tout le temps. Les interdire de dictionnaire ne change donc rien. Mais il y a un autre élément comique à cette histoire. Les académiciens écrivent le nouveau dictionnaire officiel de la langue française, mais ils sont tellement lents – ils doivent débattre sur chaque mot, y compris chaque nouveau mot *français* – qu'ils n'en sont à ce jour qu'à la lettre R. Il faudra donc des années avant que des mots étrangers du langage commun tels que *sushi* ou *zen* deviennent officiellement acceptables en français[1].

Le Français qui se sait mortel se contrefiche de l'Académie française et adore user et abuser des mots anglais. Pour être à la mode, il parle de son *boyfriend* et dit de quelque chose qui est classe que c'est *trop style* (prononcer à l'anglaise : « staïle »). Parfois, il se trompe complètement sur le sens du terme anglais. Par exemple, au lieu de dire que quelque chose est *hip*, il dit que c'est *hype*. Il ignore que *hype* veut dire matraquage publicitaire. Il abrège *bon week-end* par le contresens absurde de *bon week*. Il invente aussi ses propres mots anglais qui ne le sont absolument pas. Chacun connaît le camping (*campsite* en anglais), le parking (*car park*), le living (*living room*), et le shampooing (*shampoo*). Au cours des dernières années, les Français ont même utilisé le *fooding* en se rendant dans des restaurants *hype*. Le *fooding* ? Mais ce n'est même pas un mot anglais, enfin ! Les Français se plaignent que l'anglais submerge leur langue, mais ce sont eux qui inventent n'importe quoi. Pourquoi ne pas dire *bouffing* ? *Bouffetage* ? Que les Français adaptent leur propre langue et qu'ils laissent l'anglais tranquille !

---

1. En fait, de nouveaux mots, la plupart d'origine anglaise, sont ajoutés chaque année à la nouvelle édition du *Petit Larousse* et du *Petit Robert*, mais cela vise essentiellement à rendre furieuse l'Académie française et à profiter de cet écho médiatique pour vendre plus de dictionnaires.

Cinquième commandement

Toute cette comédie linguistique est purement ludique. Utiliser délibérément des mots anglais est drôle parce que c'est vilain. Il s'agit de narguer l'establishment. Mais quand il s'agit d'écrire en français, l'affaire devient sérieuse et la plupart des gens sont, littéralement, à cheval sur les mots. Une faute de grammaire sur papier n'est pas *style* du tout.

Plein les bottes

Ce serait une grave erreur de sous-estimer l'importance de la grammaire. Tout comme l'orthographe, la grammaire est soit correcte soit erronée. Pour les Français, c'est donc de la plus haute importance. Ils sont si fiers que leur grammaire soit tellement compliquée qu'ils ne la comprennent pas eux-mêmes. Exemple : laquelle de ces phrases est correcte ?

- *J'adore les chaussures que tu m'as offert.*
- *J'adore les chaussures que tu m'as offertes.*
- *J'adore les chaussures que tu m'as offerte.*

Les Français peuvent débattre de cela pendant des heures et finir par aller chercher leur précis de grammaire qu'ils ont reçu à l'école et qu'ils n'ont jamais jeté afin de pouvoir un jour montrer qu'ils ont raison[1]. Et si vous, anglophone, connaissez les

---

1. En France, on ne jette jamais son livre de grammaire. Ce serait comme arracher l'airbag de votre volant : on ne sait jamais quand il vous sauvera la vie.

règles et la bonne réponse, ou que vous êtes simplement capable de voir la difficulté et de prendre part à la discussion, ils vous adorent.

Alors ? Laquelle des phrases est correcte ?

La deuxième. Et si vous voulez vraiment savoir pourquoi, il ne tient qu'à vous de lire le prochain paragraphe. Mais sachez bien que c'est compliqué au point d'être absurde. Si vous n'êtes pas un fétichiste de la grammaire, je vous conseille vivement de passer directement au paragraphe suivant.

Voici donc l'explication. *J'adore les chaussures que tu m'as offertes* est la phrase correcte car le participe passé du verbe offrir est défini par le *que* qui se réfère aux *chaussures*, objet direct du verbe offrir. Chaussures étant féminin pluriel, *offertes* doit l'être aussi. Vous voyez, c'est simple quand on le sait. Et c'est encore plus simple de dire : « J'adore mes nouvelles chaussures ! »

Qui êtes-tu ?

Et vient l'éternel problème du *tu* et du *vous*. Tutoyer ou vouvoyer, comme ils disent. L'usage de telles formes familières ou polies existe dans d'autres langues, mais les Français s'en servent encore comme d'une arme.

Jean Cocteau a épinglé le snobisme que peut engendrer le fait de mal choisir entre les deux formes : « Je suis toujours prêt à tutoyer, pourvu qu'on ne me tutoie pas », a-t-il écrit dans son journal intime. On se demande presque s'il disait *tu* ou *vous* à son journal.

Cinquième commandement

En général, *tu* es réservé aux amis, aux amants, à la famille, aux animaux, aux machines et à quiconque est considéré comme inférieur (ce qui, pour un Français, peut représenter beaucoup de monde). Au cours des émeutes de 2005, le ministre de l'Intérieur avait critiqué la police sous ses ordres pour utiliser le *tu* à l'égard de toute personne qu'elle interpellait[1].

Dans la traduction française de la Bible, tout le monde se dit *tu*. Jésus et ses disciples se tutoient tous, comme il est courant entre amis. Et Dieu dit *tu* à tout le monde, ce qui est aussi prévisible étant donné qu'Il est supérieur à tout autre être de la Création[2]. Ce serait drôle de feuilleter la Bible et de retranscrire les dialogues en utilisant le *vous* en fonction de qui mériterait ou exprimerait du respect. Je dis « drôle » au sens parfaitement névrosé et constipé du terme, bien sûr.

Pourtant, de nos jours, il est vital de savoir utiliser le *tu* ou le *vous*. Un mauvais usage du *tu* peut réellement offenser, comme si quelqu'un disait « salut poupée » à la reine. Un jour, j'ai vu le maire d'une grande ville française sur le point de s'évanouir quand, au cours d'une réception à la mairie, un étudiant étranger maladroit lui a demandé : « Tu es qui,

---

1. Il s'est montré moins empressé à réprimander certains de ses hommes pour arrêter toute personne ayant la peau foncée. Mais le délit de faciès au sein d'une police française très largement constituée de Blancs paraît avoir moins d'importance que le respect protocolaire du *tu* et du *vous*.

2. C'est d'ailleurs la raison pour laquelle, dans ce livre, les commandements sont à la deuxième personne du singulier.

toi ? » C'est comme s'il lui infligeait littéralement un coup de pied diplomatique dans les testicules.

L'étudiant n'a pas réalisé son geste, mais lorsque le *tu* est utilisé de façon impropre par un Français qui en comprend parfaitement le sens, cela peut hérisser le poil. J'ai assisté à des entretiens où un présentateur de télévision, pris de familiarité, disait *tu* à une star et se voyait répondre avec un *vous* cinglant. Pour éviter ce piège, même un adolescent pas trop bourgeois dira *vous* en s'adressant à une fille dans la rue, avant de passer stratégiquement au *tu* si sa drague se développe avantageusement. Les invités sur un plateau de télévision se disent souvent *vous* à l'antenne quand bien même on sait parfaitement qu'ils se disent *tu* à la ville. Ce vouvoiement donne une élégance polie à l'émission.

Dans pratiquement tous les lieux de travail, des collègues de même rang se disent *tu*. Mais dans une discussion de groupe en présence des patrons, le mélange du *tu* et du *vous* peut donner le vertige. Même si vous dites *tu* à votre chef de service ou votre directeur général, votre collègue qui ne travaille pas aussi fréquemment avec lui (ou elle) lui dira *vous*. Le patron peut très démocratiquement user du *tu* avec tout le monde et, simultanément, dire *vous* à sa secrétaire, par respect pour une jeune subordonnée. Or s'il dit *vous* à sa secrétaire pendant les heures de bureau, on sait bien qu'il lui dit *tu* en dehors… Oh oui !

Bien entendu, les amants se disent presque toujours *tu*. Mais il existe une catégorie de couples français bourgeois qui s'acharnent à se dire *vous*. Le fait que, dans un moment de forte excitation, passer au *tu* puisse leur procurer un frisson particulier ne regarde qu'eux.

Les réunions de famille, elles, peuvent être aussi compliquées que celles en entreprise. La plupart des familles se disent *tu*, du bébé aux grands-parents. Seuls de rares parents bourgeois exigent le *vous* de leurs enfants. Et pourtant, même dans les familles les plus décontractées et accueillantes, certains n'oseront pas dire *tu* à leur belle-mère ou à leur beau-père.

Ce problème peut rendre fou. Du coup, dans le doute, il est préférable de se débarrasser de cette pesanteur sociale et de laisser le Français présent décider. Cela peut néanmoins nécessiter quelque gymnastique linguistique. Quand on rencontre quelqu'un et que l'on n'est pas sûr du *tu* ou du *vous* (ou, encore plus délicat, quand on ne se rappelle plus si on se tutoyait déjà ou non), il faut savoir agir avec célérité. Le truc est de vite entamer avec un « Ça va ? » avant que l'autre n'ouvre la bouche, car la réponse doit être : « Oui, et toi/vous ? » Si l'on se fait griller, on peut rester neutre et dire : « Oui, très bien, merci, et le travail, ça va ? », ou « Et la famille, ça va ? », « C'était bien les vacances ? » ou n'importe quoi qui vous passe par la tête et qui vous évite d'utiliser le *tu* ou le *vous*. Enfin, si on est bloqué, il est parfaitement correct de dire : « Oui, très bien, merci, et vous ? », avant d'ajouter « ou est-ce qu'on se dit tu ? » La façon de s'adresser à l'autre est un vrai problème existentiel. C'est donc un très bon sujet de conversation. Bien sûr, si on vous répond : « Non, on se dit vous », vous êtes dans la merde.

Qu'est-ce qu'on peut être con...

On est un son difficile pour un Anglais, il se dit en faisant la moue. Il ne doit pas se confondre avec le *en* et le *an*, qui sont plus proches d'un *on* anglais. Un malentendu est arrivé à un ami anglais qui, en un seul petit coup de fil, a ruiné ses chances d'être invité à un mariage sur la Côte d'Azur. « Je vais me marier », lui a dit une amie. Et pour lui demander la date de la cérémonie, il lui a dit : « Ah oui ? C'est con ? »

Le français fourmille de pièges de cette nature, surtout pour un étranger qui ne maîtrise pas les différences subtiles entre certaines voyelles. L'un des mots les plus difficiles à prononcer en français pour un Anglais est *surtout* car il compte les trois sons les plus durs à prononcer : le *u* court, le *ou* long et le *r* guttural. Une seule erreur sur l'un d'entre eux et vous êtes dans le pétrin. Exemple : ne pas bien prononcer *merci beaucoup* peut donner *merci beau cul* – une erreur qui peut vous faire faire d'intéressantes rencontres.

Dans la même veine, un ami m'a raconté l'histoire d'un comptable britannique venu du siège de sa société, à Londres, rencontrer ses collègues français pour les interroger à propos de surcoûts. Devant un parterre de vendeurs, il demande : « Pourquoi avez-vous de si gros culs ? »

Un jour, j'ai voulu informer l'une de mes consœurs au téléphone que j'étais en route pour la voir, avant de réaliser que je lui avais dit que j'étais *en rut*. En entrant dans son bureau, je me suis demandé pourquoi elle tenait une règle dans la main comme une batte de base-ball. Si, comme beaucoup de Britanniques, on ne prononce pas clairement le *r* à la fin du mot cœur, on peut avoir un *cri de queue* à la place d'un *cri du cœur* (même si, pour un mâle français, cela peut vouloir dire plus ou moins la même chose).

Le mot *plein* est encore un autre piège. Quand on a assez mangé, on ne peut pas dire : « Je suis plein. » Un jour, à la fin d'un repas, une amie anglaise a claironné : « Je suis pleine. » Quand tout le monde autour a fini de rire, on lui a expliqué qu'elle venait de dire qu'elle était en cloque.

Parfois, ce n'est pourtant vraiment pas la faute des étrangers. Par exemple, il faut être très bon linguiste pour savoir qu'il est correct de parler *d'un* baiser mais plutôt glissant de parler *de* baiser. Vous avez un rendez-vous avec une fille, quelqu'un vous demande comment cela s'est passé et, voulant répondre avec élégance que vous ne l'avez qu'embrassée, vous vous trouvez en train de fanfaronner que vous avez couché avec elle. En Corse, certains prétendants se sont fait tirer dessus pour moins que ça.

Les Français raffolent de ces ambiguïtés. Ils adorent le fait que le groupe de légumes comprenant le melon, la courge et la courgette s'appelle les cucurbitacées. Et la seule raison pour laquelle ils le savent est que ça sonne comme *cul-cul-bite-assez*, ce qui représente une sorte d'orgie linguistique.

Mettez-vous ça en bouche

Petit guide de prononciation française pour des sons difficiles :
- Le *ou* ouvert, comme dans *bouche* ou *beaucoup*. Imaginez que vous êtes un chimpanzé avec une banane non épluchée entre les lèvres. Gardez votre bouche dans cette position et dites *ou*. Veuillez noter que vous n'avez pas à vous gratter les aisselles en même temps.
- Le *u* fermé, comme dans *rue*. Imaginez que vous avez une cigarette française de mauvaise qualité entre les lèvres. Faites sortir votre lèvre supérieure jusqu'à ce que la cigarette pointe verticalement vers le bas et que le tabac commence à tomber de l'extrémité. Dites *ou*. Cela devrait sonner comme un *i* court, comme dans *mite*. Pour bien prononcer, cela peut aider de plisser les yeux comme si vous étiez en train de recevoir l'ignoble fumée.
- Le *en* ou *an* comme dans *quand*. Imaginez qu'on vient de vous annoncer le prix du café au lait que vous avez commandé sur les Champs-Élysées. Votre mâchoire demeure ouverte et pendante,

vous grognez de douleur, et vous dites le mot anglais *on*, sans prononcer le *n*.
- Le *on* de *bon*. Vous vous apprêtez à embrasser un Français ou une Française sur la bouche mais vous craignez l'usage de la langue car vous ne le souhaitez pas (encore). Vous retroussez donc les lèvres tout en les gardant fermées. À nouveau, dites le mot anglais *on*, sans prononcer le *n*.
- Le *r* guttural, comme dans Sacrrrré Cœurrr. Imaginez-vous devant une boulangerie française, en train de baver devant une magnifique tarte aux framboises. Votre bouche se remplit de salive ; fort heureusement, il n'y a personne dans la rue et vous pouvez cracher sans risque dans le caniveau. Raclez-vous bien la gorge et, tandis que la salive s'accumule sous la langue, dites le *r*. Si vous pouvez vous racler la gorge suffisamment bruyamment, vous êtes paré pour devenir un chanteur français de musique folk.

Quelques erreurs amusantes mais sans conséquence que l'on peut faire en parlant français

Essayez de dire ces couples de phrases en utilisant si nécessaire le précédent guide de prononciation. Lorsque vous savez repérer la différence entre les deux versions, vous pouvez vous rendre en France en toute sécurité.

Tu parleras français

Mon chien vient de mourir.
Mon chien vient de mûrir.

J'aimerais juste un baiser.
J'aimerais juste baiser.

Baisse-toi.
Baise-toi.

Tu pèses combien ?
Tu baises combien ?

Il a trouvé la foi.
Il a trouvé le foie.

Je vais faire un tour.
Je vais faire une tour.

J'ai eu un malaise.
J'ai eu une Malaise.

(Une erreur que j'ai vraiment commise. Je rentrais de vacances en Malaisie et je me suis demandé pourquoi un ami français était en train de me féliciter alors que je lui expliquais que je m'étais senti mal dans un train.)

Les sélectionnés de l'année dernière
pour le prix de la couverture française la plus créative.

6ᴱ COMMANDEMENT

Tu ne chanteras point
(ou en tout cas pas juste)

Tu ne chanteras point
(ou en tout cas pas juste)

Avant toute chose, je dois préciser que je suis, dans le désordre, un véritable fan de Matisse, Zola, Gainsbourg, Ravel, Debussy, les Rita Mitsouko, Flaubert, Binoche, Balzac, Blier, Mocky, Django Reinhardt, Camus, et des vieux films avec Pierre Richard. En matière culturelle, la comédie est ce que je préfère et j'ai beaucoup ri avec Voltaire, Boris Vian, Coluche, Vuillemin, Lafesse, et des films joyeux et sans prétention comme *La Cage aux folles*, *L'Aile ou la Cuisse*, *Jour de fête*, *Les Valseuses*, *La Belle Américaine*, *Papy fait de la résistance* et *Le Grand Blond avec une chaussure noire*.

Mais tout cela est du passé : la culture française est restée en rade. Elle a été accaparée par l'élite parisienne d'âge mûr, saisie d'effroi devant ce qui est nouveau, innovant et qui risquerait, à ses yeux, de ruiner tout l'édifice.

De nos jours, l'élément le plus important de la culture en France est le nombril. Artistes, écrivains, chanteurs et réalisateurs passent leur temps à se le regarder. Il existe un mot en français pour cela : le nombrilisme. L'amour de son propre ventre est si enraciné qu'il est devenu un « isme ». Les écrivains écrivent des livres sur le fait d'être écrivain ; les réalisateurs font des films sur leur dernier échec amoureux ; les chanteurs s'écoutent gémir des jeux de mots savants sur des airs ineptes. Ils font tous partie de l'establishment et ont oublié ce qu'est la vie au-dehors, voire qu'il y a une vie. Les gens se justifient en disant que ce qu'ils font est peut-être bien de la merde, mais au moins c'est de la merde française. Cela aussi figure dans le dictionnaire : ça s'appelle l'« exception culturelle française ». La culture se doit d'être relevée, sauf si elle est française. Zola, Matisse et les autres doivent se retourner dans leur tombe. Voltaire, lui, ricane.

Tubes à gagas

Les Français pensent trop pour être bons en matière de musique. La musique jaillit de l'âme (ou, en ce qui concerne le rock, de quelque part entre les tripes et les organes génitaux), et les Français se fient trop à leur cerveau. J'ai joué de la basse avec des groupes semi-professionnels dans les bars. J'ai remarqué une différence fondamentale entre les musiciens français et les « anglo-saxons ». Pour entamer un bœuf et apprendre à se connaître, un

Britannique ou un Américain va dire quelque chose comme : « OK, blues en *mi*. Un, deux, trois, quatre » et hop, c'est parti. Le Français, lui, va discuter dix minutes à propos de qui commence, à quelle cadence, et dans quel ordre on fait les solos.

C'est la raison pour laquelle les Français aiment jouer et écouter du jazz. C'est une musique pensée. Je peux emmancher à peu près n'importe quel air si on me donne une minute pour l'apprendre, mais lorsque j'ai pris des cours de contrebasse avec un jazzman français, je jouais plus mal après chaque séance. Au lieu de m'aider à swinguer, ce que je croyais être l'idée du jazz, il m'expliquait les gammes grecques, les harmoniques ultrabioniques ou je ne sais quoi encore, et je devais tellement me concentrer que je n'osais même plus toucher les cordes.

Il en va de même avec les cours de musique pour jeunes. Dans les écoles françaises, tout gamin rongé par le désir de jouer du piano, de la guitare ou de la batterie est contraint de faire une année de solfège avant d'être autorisé à toucher l'instrument. Ainsi, tous les musiciens en herbe passionnés et impatients, tous les futurs Hendrix ou Cobain, abandonnent et vont jouer au basket. Conséquence : à de très rares exceptions, la pop française est mortellement pénible. À part si je trouve un cygne mort dans mon bain, peu de choses me font sauter hors d'une baignoire fumante au milieu de l'hiver et me ruer à travers une salle de bains frigorifiée. Pourtant, si

Sixième commandement

j'écoute la radio et qu'ils mettent un morceau de mauvaise pop française, risquer l'hypothermie est un moindre mal par rapport à la perspective d'écouter une station moins offensante. S'il advient que vous disiez que telle chanson est nulle, on vous répond : « Ah oui, mais les paroles sont magnifiques. » C'est comme dire d'une soupe qu'elle a l'air d'être délicieuse alors qu'elle a un goût d'haleine de chien.

Voici, pour donner une idée, quelques recettes de cette soupe aux relents canins – je veux parler des tubes français.

- Choisissez un air chiant. Trouvez un producteur pour mixer par-dessus quelques guitares salopées pour que ça sonne rock. Faites une liste d'une vingtaine de mots qui n'ont rien à voir ensemble mais qui sonnent pareil et trouvez un chanteur pour les marmonner du fond de la gorge. Vendez le tout aux stations de radio françaises.
- Prenez une jolie fille issue d'une minorité ethnique. Imitez la piste-son d'un tube récent de R&B américaine. Trouvez un riche Parisien pour écrire quelques paroles sur combien la vie est dure dans les cités. Vendez le tout aux stations de radio françaises.
- Prenez une star vieillissante. Faites-lui chanter n'importe quelle vieille bouse. Présentez ça comme son grand retour. Vendez le tout aux stations de radio françaises.

- Trouvez un musicos de talent plus que moyen. Dites de lui qu'il est un génie poétique. Vendez le tout aux stations de radio françaises.

Ces recettes marchent à tous les coups parce qu'il existe un système légal de quotas qui oblige les radios françaises à diffuser de la musique française (jusqu'à 40 % de la diffusion selon le type de stations), avec priorité à de la « nouvelle production française ». Le message est clair : vous mettez n'importe quelle merde sur un CD et les radios la joueront. Il n'est même pas besoin d'avoir qui que ce soit qui *aime* votre CD, encore moins qui l'achète, puisque la seule diffusion radiophonique génère ce qu'il faut de revenus.

Voici le moteur de la pop française aujourd'hui.

Rien de surprenant à ce que les musiciens eux-mêmes aient un problème d'image. Ils ne savent pas ce qu'ils font. Tel célèbre chanteur français pense qu'il est Thom Yorke de Radiohead, s'habille comme Jim Morrison mais écrit comme Björn Ulvaeus de ABBA. Un autre se fringue sur scène comme un clown punk et ressemble dans la vie quotidienne à un gestionnaire de site Internet débile – ne lui a-t-on jamais dit que la musique se vivait ? Au moins, le vieux Serge Gainsbourg avait toujours l'air d'un mégot humain et parlait presque uniquement de baise dans ses chansons. Il comprenait ce que c'était que l'image.

La musique française n'a jamais vraiment su ce qu'elle voulait depuis que des faux Teddy Boys français ont commencé, à la fin des années 1950, à chanter des traductions de tubes du rock'n'roll américain. Ces chanteurs, aux noms de scène « américains » comme Johnny Hallyday, Eddy Mitchell et Dick Rivers, étaient fondamentalement des crooners coiffés d'une banane. Depuis lors, on peut compter le nombre de bons groupes pop français sur les doigts d'une main, en ayant encore suffisamment de doigts pour tenir une Gauloise.

Cette incompréhension de base de ce qu'est la musique pop est cependant une bonne nouvelle pour certains. Les Français ont si peu d'idée des changements de mode musicaux qu'une fois qu'un artiste a conquis la France, sa popularité dure à vie. Parmi leurs amours éternelles, Supertramp, The Cure, Jeff Buckley, Midnight Oil, Lenny Kravitz, Texas, Placebo et – le plus étrange de tous – Cock Robin, hérauts de la pop synthé des années 1980 qui ont probablement gagné suffisamment d'argent grâce aux passages radio de *When Your Heart Is Weak* pour se payer une retraite sur la Côte d'Azur.

Le film pour l'amour du film

Une blague de Los Angeles décrit ainsi le film français typique : Marc aime Sophie, qui aime François, qui lui-même en pince pour Charlotte, qui est amoureuse d'Isabelle, mais Isabelle aime Gérard, qui est épris de Florence, qui aime Marc. Et à la fin, ils vont tous dîner ensemble au restaurant.

Eh oui, le cinéma hexagonal moderne peut être un soupçon prévisible. Pourtant, les Français ont raison d'être fiers de leur industrie cinématographique. Pas forcément de leurs films, mais de leur système de production. Ils disposent d'énormes réserves de réalisateurs expérimentés, de scénaristes, de cameramen et de techniciens prêts à travailler, ce qu'ils font presque aussi souvent qu'à Bollywood.

Le secret de cette situation est l'argent. S'ils veulent faire un film français, ces artistes peuvent recevoir des fonds du CNC, institution publique qui prend son pourcentage des recettes en salles et redistribue cette manne en finançant de nouveaux films. Une brillante idée qui permet à de petites productions d'être réalisées alors qu'elles auraient été vouées à l'échec dans la plupart des autres pays.

Le problème est que ce système a créé un état d'esprit où l'on fait des films pour faire des films – et pour puiser l'argent disponible. Il n'est pas nécessaire que le film fasse des entrées. Entre les dons, les subventions et un passage ou deux sur une chaîne de télé, le simple fait de produire suffit, à partir du moment où le réalisateur ne gaspille pas des millions en effets spéciaux. Mais qui a besoin d'effets spéciaux pour filmer quelques scènes d'amour ou de disputes conjugales dans un appartement parisien ?

Mieux, faire un film est doublement profitable pour toutes les personnes concernées. Une fois qu'ils ont travaillé le nombre d'heures minimal requis (507 heures au cours des douze mois précédents), les intermittents du spectacle ont droit aux indemnités de chômage. Et ils ne reçoivent pas juste une petite pièce ; ils perçoivent leur salaire horaire sur l'ensemble de la période entre deux cachets. Ainsi, un réalisateur qui fait un film dans l'année peut continuer à être payé au même taux qu'il touchait pendant qu'il tournait. Et cela vaut pour tous ceux qui ont travaillé sur le projet, de l'acteur au gars qui a resserré les vis du trépied de la caméra. Du coup, en passant trois mois à faire un mauvais film, on peut vivre le reste de l'année comme une star.

Cela n'incite pas vraiment à faire de bons films.

Bien sûr, la France a aussi produit de vrais grands films. Et la plupart d'entre eux sont grands précisément parce qu'ils sont si français. Des réalisateurs comme Renoir, Godard, Truffaut, Chabrol et Blier ne pouvaient venir d'ailleurs. Et ce pays continue de parvenir à sortir quelques pépites de son étrange et excentrique art maison comme *Delicatessen*, ou quelques bonnes comédies sans prétention comme *Bienvenue chez les Ch'tis*. Le système permettant à tout ce petit monde de l'industrie cinématographique de demeurer aux frais de l'État a donc payé. Mais de nos jours, cette industrie semble avoir perdu son sens de l'expérimentation et du divertissement et décidé de s'acharner à se filmer le nombril. Voici le résumé d'un film français récent dont nous tairons le nom : « Xavier décide de devenir romancier mais, dans le même temps, il doit prendre toutes sortes d'emplois – journaliste, scénariste, nègre. » Terriblement divers, ces emplois, non ? Par la suite, le pauvre vieux Xavier sera sans doute contraint – horreur ! – d'écrire des nouvelles.

Les réalisateurs qui souhaitent faire des films différents partent à l'étranger. Luc Besson et Michel Gondry sont désormais à Hollywood. Et lorsque Besson produit quelque chose de français mais de différent, comme le très populaire *Taxi*, le monde de l'art le considère avec mépris comme un vulgaire pourvoyeur de non-art hollywoodien, cyniquement adapté au marché américain.

L'hypocrisie, évidemment, est totale. Si on passait au sérum de vérité le plus prétentieux des réalisateurs français, un de ces chefs de file du « Je fais des films français et j'emmerde tout le monde », il ou elle craquerait et tomberait en sanglots en gémissant : « Mais pourquoi Hollywood ne veut adapter aucun de mes films ? »

Sixième commandement

L'art pour la mort de l'art

Les artistes français n'arrivent pas à s'ôter du cerveau l'idée qu'ils sont dans le pays de Renoir, Monet, Manet et Cézanne, et où des étrangers comme Picasso, Van Gogh, Modigliani, Giacometti et tant d'autres sont venus déployer leur art. Mais au lieu de les inciter à poursuivre leurs rêves, cet héritage ne fait que les encourager à se comporter comme Picasso et non à peindre comme lui.

À Paris, il se tient régulièrement des journées portes ouvertes pour les ateliers d'artistes. Des quartiers entiers se transforment alors en chasse aux trésors artistiques. On vous donne un petit plan et il suffit de suivre les directions pour visiter les différents ateliers d'artistes avoisinants. Dans presque tous les cas, on se retrouve dans un endroit qui ressemble vraiment à un atelier d'artiste (avec des éclaboussures de peinture, d'encre, de plâtre ou d'autres matières sur lesquelles on ne souhaite pas trop enquêter) et en a l'ambiance (le bourdonnement d'une voix expliquant l'art exposé, quand bien même le meilleur art n'a besoin d'aucune explication), mais qui vous donne l'impression de perdre votre temps. L'art présenté sera probablement soit du sous-impressionnisme, soit quelque chose censé devoir être « choquant » ou « inspiré » par un voyage dans quelque coin exotique de la planète où l'art est facile à copier.

Je ne dis pas que les vaches sciées en deux de Damien Hirst sont l'alpha et l'oméga de l'art, mais au moins c'est différent.

Quoi qu'il en soit, les artistes français les plus créatifs du moment sont davantage intéressés par la BD que par l'art classique. Mais surtout il faut appeler ça le *neuvième art* et le prendre très au sérieux. Et il est tout aussi impoli de dire que les meilleurs artistes de BD sont belges.

Le physique de l'emploi

Les Français sont persuadés d'être les plus sexy de la terre, à part peut-être les rares beaux mecs d'Hollywood ou les minettes des plages brésiliennes. En guise de preuve, ils font valoir que leur haute couture est la plus élégante du monde, même si cela revient un peu à dire que les Coréens sont les meilleurs conducteurs de la planète du fait qu'ils fabriquent tant de voitures. En vérité, les Français sont le plus souvent mal fagotés.

Bien sûr, on voit des gens extraordinairement sexy marcher dans la rue (et surtout sur les plages). Mais cela est principalement dû à l'absence relative d'obèses et à un certain don à résister à la tentation de se détruire la peau et les cheveux avec des litres de maquillage et de teinture blonde. Lorsque des gens écrivent des livres sur les femmes françaises, ils parlent de style, de bon goût, de classe. Ils semblent faire référence au conservatisme par excellence. De fait, quand on regarde des divas du cinéma comme Sophie Marceau, Juliette Binoche ou Carole Bouquet, on remarque à peine leurs habits. C'est celle qui les porte qui compte. Leurs habits sont en général du plus grand classique (façon polie de dire sans aucune originalité).

Le Français moyen, quant à lui, ne porte aucune attention particulière à la haute couture nationale, en partie parce que celle-ci n'est pas vraiment faite pour être portée (les défilés n'existent que pour les photos des magazines), en partie parce que même le prêt-à-porter de Dior, Chanel et autres Yves Saint Laurent coûte une fortune, mais surtout parce que la plupart des Français préfèrent s'habiller comme leur papa et leur maman et se fondre dans le moule bourgeois.

On peut répartir les adolescents français en trois genres essentiels : le no look en jean et pull, le style hippie des années 70/faux rasta, et le style rappeur sportif du Bronx, yo. Mais dès qu'ils atteignent le milieu de la vingtaine, les salariés de sexe masculin commencent à mettre des cravates mortelles d'ennui. Quant à leurs collègues de sexe féminin, elles s'habillent comme si elles voulaient susciter la compassion. L'originalité est quasi inexistante, comme si personne ne voulait sortir du rang. Si l'on va à une fête à Paris organisée par des personnes de plus de vingt-cinq ans, la plupart des gens dans la pièce seront en jean ou en noir. La pire des choses qui puisse arriver à quelqu'un est de ne pas paraître cool. Mettre un jean ou des habits noirs est parfaitement sans danger. S'ils portent la trace discrète d'une marque française, tant mieux, mais le plus important est de ne pas se distinguer du groupe.

Eh oui, désolé, chère France : à de rares exceptions chic près, tu t'habilles peut-être à tomber, mais à tomber de classicisme.

D'ailleurs, si les Français ont tant de style que cela, comment se fait-il que les grandes maisons françaises emploient des couturiers britanniques comme Alexander McQueen et John Galliano, ou allemands comme Karl Lagerfeld ?

Le Prozac du peuple

En juillet 2004, le patron de TF1 a dit que ses émissions n'existaient que pour faire vendre du Coca-Cola. Dans un entretien, Patrick Le Lay a ainsi déclaré que les programmes de sa chaîne avaient « pour vocation de divertir le cerveau du téléspectateur, de le détendre pour le préparer entre deux messages publicitaires. Ce que nous vendons à Coca-Cola, c'est du temps de cerveau humain disponible ». Le plus étonnant est que, malgré ce cynisme, sa chaîne soit demeurée la plus populaire du pays, ce qui en dit long sur le sens du discernement du téléspectateur français moyen.

Ce désir éhonté de vendre de l'espace publicitaire signifie que, en France, la télévision aux heures de grande écoute est aussi passionnante et variée qu'un magasin de chaussures pour bonnes sœurs.

Après le journal de 20 heures, le divertissement principal débute, pour s'achever vers 22 heures ou 22 h 30. Si le téléspectateur a de la chance, il s'agit d'un film, d'un téléfilm ou d'un documentaire. Mais, le plus souvent, ce sera soit de la télé-réalité, soit une sorte de jeu télévisé avec des stars sur le retour et de stupides animateurs munis d'énormes micros et sommés de rire aux blagues de l'autre ou à de vieux extraits de télévision.

En France, le gros micro à main est beaucoup plus qu'un symbole phallique. C'est comme un badge qui dit au téléspectateur : « Je suis à la télé et pas toi, espèce de paysan. » Les Français ont bien des micros-cravates, mais ils sont considérés comme trop petits pour être efficaces dans les talk-shows de grande écoute. Le téléspectateur ne peut comprendre qu'on est une star de la télé et du coup, par définition, intelligent, beau et spirituel, que si l'on brandit ce concombre argenté.

Les Français réalisent bien de bons documentaires (qui sont, évidemment, l'occasion de prouver sur écran combien ils ont raison à propos de telle ou telle chose) et des téléfilms corrects, surtout des policiers qui leur permettent de perpétuer le mythe d'une police nationale apte à résoudre les énigmes criminelles. En revanche, les producteurs français ne comprennent rien aux sitcoms. Ils en fabriquent, certes, mais ils sont plus *sit* (situation) que *com* (comédie). Cela est essentiellement dû au fait que, à leurs yeux, la télévision n'est pas un média noble mais plutôt une pâle imitation de l'écran de cinéma, un peu comme une carte postale de la Joconde. Pourquoi, dès lors, « gaspiller » de bons scénaristes et de bons acteurs dans quelque chose de si court et frivole ?

La France a la même attitude avec le hamburger : ça ne relève pas de la digne gastronomie mais les Français s'en bâfrent secrètement à la moindre occasion. Au moment où j'écris, trois chaînes de télé diffusent en boucle des reprises de *Friends*, parfois par paquets de trois épisodes, histoire de remplir le trou béant laissé par le manque de programmes français dignes de ce nom.

Juger un livre à sa couverture

Les livres de littérature française ont les couvertures les plus fades depuis que Moïse a gravé les commandements à même la pierre. Et encore, pour ses tables de la loi, le prophète avait sans doute choisi une roche aux jolis tons grisés.

Pour être pris au sérieux, un « roman littéraire » doit avoir une couverture blanc uni, sans aucune décoration autre que le titre et le nom de l'auteur, en petits caractères. Le jaune pâle est tout juste permis, à partir du moment où il est d'une teinte sans joie, comme le terne papier peint d'une maison de vieux décatie. Toute couverture plus flamboyante dévaloriserait ce qui est écrit à l'intérieur et qui est d'une importance si profonde que c'est presque un sacrilège de l'imprimer sur une matière aussi modeste et opaque que le papier. Les textes devraient être gravés sur le verre pour que le lecteur puisse les voir dans toute leur aveuglante clarté.

Voilà du moins pour la théorie. Dans la pratique, beaucoup de cette « grande littérature » est soit le fait d'un « grand auteur » qui a écrit un bon livre il y a quarante ans et a, depuis, pondu la même vieille salade, soit quelque chose de nouveau, osé et expérimental, c'est-à-dire de parfaitement illisible. On y trouve une grosse dose de l'angoissant « Oh, mon Dieu, c'est dur d'être écrivain... », une étude au microscope des relations humaines qui semble être faite pour vous dégoûter à jamais de tomber amoureux, et des essais stylistiques innovants qui rendent la lecture aussi plaisante que si on vous demandait de tirer un camion à l'aide de vos seules paupières. On dirait les plus mauvais films français, sans l'image.

La critique peut paraître excessive mais, après avoir entendu un de ces prétentieux romanciers français dire avec une hypocrisie à faire bouillir le cerveau qu'il se fiche de savoir si quelqu'un achète son roman ou non parce que l'important est ce qu'il a apporté au monde avec son art, on comprendra mieux d'où cette critique vient.

Cela dit, les livres français avec des couvertures en couleur peuvent être de très bons ouvrages, notamment, par exemple, les romans historiques et les biographies.

Quelques petites choses à dire pour provoquer les pédants

Mon film préféré est *Terminator 2*.

Avez-vous déjà vu *Le Retour de la panthère rose* ?

Truffaut, c'est une sorte de champignon, non ?

Le CD est coincé ?

Qu'est-ce que vous faites dans la vie, à part la peinture ?

Je crois que ce livre a perdu sa couverture.

Avouez-le : en fait, vous n'aimez pas ça, hein ?

C'est pour rire, non ?

Ce que cette famille britannique ne sait pas,
c'est qu'elle vient d'accepter de payer
deux cent mille euros pour un parasol.

7ᴇ COMMANDEMENT

Tu ne sauras point

Tu ne sauras point

« Vous n'avez pas à le savoir » : telle est la règle selon laquelle les choses se font en France. Sauf sous la contrainte, personne ne vous dit rien.

Un jour, en arrivant à l'aéroport Charles-de-Gaulle, je découvre qu'il n'y a aucun agent à l'immigration. Deux avions entiers de voyageurs assommés par le décalage horaire s'amassent dans l'aire d'arrivée, en se bousculant devant les cabines de contrôle vides et en regrettant de ne pas être allés faire pipi dans l'avion avant de devoir attendre ici quarante-cinq minutes. Aucune annonce n'est faite. Et il n'y a personne à qui se plaindre. Finalement, une dame apprend en téléphonant à un ami qui travaille dans un café de l'aire de départ qu'il y a eu une alerte à la bombe. Quand les agents arrivent enfin, chacun se presse avec son passeport. Aucune explication ne sera jamais donnée à propos de l'attente.

La pire situation du genre dans laquelle je me suis trouvé est en rentrant chez moi un après-midi. Sur mon palier, il y avait un policier – du moins j'espère que c'en était un – cagoulé, gilet pare-balles et doigt sur la mitraillette.

« Que se passe-t-il ? lui ai-je demandé avec un certain courage.

— Vous n'avez pas à le savoir », m'a-t-il répondu.

Je n'ai pas cru bon d'argumenter.

Il arrive que les Français se plaignent de ce secret ambiant. Mais, en fait, il y a de nombreuses choses qu'ils préfèrent garder sous silence. Ils détestent qu'on les espionne, essentiellement car ils ont beaucoup de choses à cacher et à se reprocher.

Il y a très peu de caméras de surveillance en France, et les Français en sont très fiers. Ils savent qu'ils se feraient forcément piéger en train de conduire mal, d'entrer furtivement dans un hôtel avec leur maîtresse, de laisser leur chien faire caca sur le trottoir, d'abandonner au coin d'une rue la batterie coulante de leur voiture, ou de faire toutes sortes de choses dépourvues de sens civique. Cela ne vaut-il pas quelques agressions et vols de voiture impunis ?

L'exemple le plus drôle de cette stratégie du secret est la facture de téléphone détaillée qui ne donne jamais complètement le numéro appelé. Les six premiers chiffres y figurent, mais pas la suite, de façon que les conjoints jaloux ne puissent pas composer un numéro inconnu et tomber sur l'amant.

Voici pourquoi le secret est toléré : Tu gardes ton secret, je garde le mien. Bye.

Risque ? Quel risque ?

À la pointe nord-ouest de la Normandie, à quelque vingt kilomètres des îles Anglo-Normandes, se trouve un secret typiquement français. Il s'agit du cap de La Hague, une station de traitement des déchets nucléaires du type de celle de Sellafield, au nord-ouest de l'Angleterre – si notoire qu'elle ne cesse de changer de nom pour essayer de brouiller les pistes auprès du public. Le cap de La Hague, lui, s'est toujours appelé ainsi. Et contrairement à Sellafield, qui est régulièrement confronté à des populations britanniques et irlandaises furieuses de cette pollution, personne ne s'y intéresse. Peu importe aussi qu'il y ait juste à côté une énorme centrale nucléaire.

Ce silence est d'autant plus surprenant (ou d'autant moins, diraient les cyniques) que le site est au cœur d'une région touristique. Sur environ cent cinquante kilomètres se succèdent des stations balnéaires où les gens se baignent, barbotent joyeusement et chassent la crevette. Ajoutons que c'est une importante région d'élevage d'huîtres et que le Mont-Saint-Michel est à peine à cent cinquante kilomètres à vol d'oiseau.

Cette situation ne s'explique que parce que la France est le seul pays au monde, avec la Corée du Nord, où l'énergie nucléaire est parfaitement sans danger. Le pays entier est miraculeusement protégé de toute probabilité de contamination ou de retombées radioactives. Lorsque, en 1986, le nuage de poussière irradiée venue de Tchernobyl a flotté au-dessus de l'Europe, il s'est notoirement arrêté à la frontière française. Juste de l'autre côté, les fermes allemandes, suisses et italiennes ont été polluées et la vente de leurs produits mise sous embargo, mais les cultures françaises, elles, sont demeurées intactes.

Il en va de même pour l'amiante. Ce n'est que depuis environ une décennie que l'amiante est devenu dangereux en France. Avant cela, il était parfaitement inoffensif et les étudiants de l'université de Jussieu, amiantée jusqu'au cou, ne couraient pas le moindre risque en le respirant quotidiennement.

Cela serait-il dû au fait que certaines entreprises françaises sont (ou étaient, en ce qui concerne l'amiante) parmi les plus gros fabricants de ces matériaux présumés toxiques ? Pas du tout !

Ce qui est stupéfiant, c'est que les Français semblent s'en ficher complètement. D'une part, ils ont autre chose à faire que penser qu'une usine qu'ils ne peuvent ni voir ni entendre ou humer pourrait être en train de polluer la plage où ils ont décidé de passer leurs vacances. D'autre part, ils sont un peuple de la technologie et ils croient que la Terre se porterait mieux si les ingénieurs dirigeaient le monde et laissaient les autres s'occuper des détails plus raffinés de notre existence.

Un je ne sais quoi

Le complot du silence fonctionne très bien en France car ce pays, on l'a vu, est dirigé par des technocrates qui ont pour la plupart fréquenté les mêmes écoles. Beaucoup de responsables politiques, d'industriels et de financiers, voire certains barons de la presse dite indépendante, sont issus de l'élite des grandes écoles. Le pays grince de ces gens en train de se faire mutuellement la courte échelle. Trois présidents successifs – Giscard d'Estaing, Mitterrand et Chirac – ont été ouvertement accusés de crimes ou entachés par des amitiés douteuses, et ont pourtant poursuivi leur carrière sans problème. Charles de Gaulle aurait dit qu'« un homme politique ne croit jamais ce qu'il dit, il est étonné quand il est cru sur parole ». Il n'est donc pas surprenant que les Français soient si cyniques à propos de leurs dirigeants.

Ce caractère impénétrable de la société les aide cependant à être subtilement efficaces sur la scène mondiale. Ils parviennent on ne sait comment à extraire leurs otages d'Irak avec leur tête encore posée sur les épaules. Ils nient avoir payé les preneurs d'otages, personne ne les croit, mais ils s'en fichent.

Ils conspuent la mondialisation et écument de rage quand une compagnie étrangère essaie de racheter une grande boîte française – pour Danone, le gouvernement a carrément empêché l'affaire – mais vilipendent les États-Unis pour leur protectionnisme. Et pendant ce temps, ils exportent leurs centrales nucléaires, leurs usines automobiles, leurs trains et leur industrie alimentaire, dont une bonne partie est directement ou indirectement subventionnée par l'État. Des millions de Britanniques boivent de l'eau du robinet fournie par des sociétés françaises. Partout à travers le monde, et jusqu'à Sydney, on voit des abribus construits par Decaux, ce génie qui a eu l'idée de financer lui-même la construction de ces abris en contrepartie des revenus des panneaux publicitaires apposés dessus. Cette invasion est lente, silencieuse, en partie masquée par cette habitude des Français de constamment se plaindre de l'effondrement de leur économie et de ce que le monde entier serait après eux. En fait, tout cela est une brillante opération de camouflage.

Ne parlez pas de la guerre

L'occupation nazie a réellement traumatisé cette nation. Pas tant parce que, tout d'un coup, des hommes bottés martelaient la place. Mais plutôt parce que tant de Français sont passés de l'autre côté.

À l'issue de la guerre, de nombreux collaborateurs ont été exécutés et les femmes ayant fréquenté l'ennemi ont eu la tête rasée. Mais il s'agissait seulement de ceux qui n'avaient pas d'amis influents pour les couvrir. Certains des pires collaborateurs n'ont jamais été jugés, ou même inculpés. Simultanément, sur la liste officielle des vrais héros de la Résistance, il y en a eu qui n'avaient jamais levé le petit doigt contre les nazis.

Le meilleur exemple de ce deux poids deux mesures de l'après-guerre est Marthe Richard. En France, elle est célèbre pour avoir été, en 1946, la militante de la fermeture des maisons closes parce qu'elles représentaient un risque sanitaire, qu'elles hébergeaient le crime organisé et qu'elles avaient souvent accueilli les forces occupantes les bras ouverts (et pas que les bras). Marthe Richard avait été choisie pour mener cette campagne de nettoyage parce qu'elle était une héroïne de la Résistance, une figure de la nation. Mais plus tard, il fut allégué que la prétendument vertueuse Mme Richard aurait elle-même été une mère maquerelle pendant la guerre, aurait travaillé avec des truands pronazis et organisé des partouzes pour la Gestapo. La confusion morale à son sommet français.

Le traumatisme de cette guerre explique pourquoi il n'y a pas en France de programme comme *Crimewatch* (émission de télévision britannique où l'on organise des appels à témoins pour élucider des crimes). Les Français disent que ce serait un appel public à la délation. Précisément ce que tant d'entre eux ont fait entre 1940 et 1944.

Tout cela n'est qu'hypocrisie. Les Français dénoncent bel et bien les gens aux autorités et ce, tous les jours.

J'ai habité un temps dans un immeuble où un homme s'était fait prendre en train de truander sur l'électricité. Il avait fait une dérivation à son compteur, mais avait laissé pendre la prise de terre près d'une canalisation d'eau. L'arnaque avait été découverte quand sa voisine de palier, après avoir ouvert un jour le robinet, s'était fait projeter à travers sa cuisine, les cheveux en brosse. Les électriciens étaient venus et EDF avait poursuivi le fraudeur. L'année suivante, la voisine a reçu la visite d'inspecteurs des impôts venus fouiller tous ses livres de comptes et ses comptes bancaires. Quelqu'un avait dit aux services fiscaux qu'elle touchait des revenus non déclarés en travaillant à domicile. Il n'était pas difficile de savoir qui c'était.

Dénoncer les gens peut devenir une tactique de négociation. La douche d'un petit studio à l'étage au-dessus du mien causait une fuite dans mon salon parce que le propriétaire l'avait installée à même le plancher. Le locataire n'avait pas d'assurance car le propriétaire louait au noir et refusait de signer un bail, document nécessaire à l'obtention d'une assurance habitation par le locataire. Le conseil que m'a donné mon assureur a été de faire chanter le propriétaire en lui disant de payer pour les dégâts et pour la réparation immédiate de la douche, à défaut de quoi je le dénoncerais au fisc.

Charmant, me suis-je dit. Il n'empêche que la menace a marché du feu de Dieu.

Les hommes de droit contre le droit

Les avocats français ressemblent souvent à des sculpteurs d'art abstrait qui se seraient exercés sur leur propre chevelure. Interrogés à la télévision alors que leur client entre dans la salle d'audience ou en sort, ils ont l'allure de la dernière personne à laquelle vous voudriez confier votre défense devant un tribunal. En réalité, ce sont souvent d'habiles personnages qui utilisent subtilement le goût français pour le secret.

Dans le système juridique britannique, les avocats, en tant qu'officiers de la cour, sont tenus de produire tout document pertinent en leur possession, même si celui-ci est dommageable pour leur client. Les avocats français, eux, n'ont pas de telles obligations. Leur client s'est filmé en train de frapper à mort son associé ? Comme personne d'autre n'a connaissance de ce film de massacre privé, il peut plaider non coupable. Ces mêmes avocats sont ravis de commenter l'affaire devant une forêt de caméras et de micros avant de clamer que leur client ne saurait bénéficier d'un procès équitable tant que les médias continuent de couvrir le dossier. Dès lors, qui mieux que ces magnifiques hypocrites seraient à même de vous défendre ?

Septième commandement

Le droit en inaction

La police française est divisée en plusieurs organes semi-indépendants, comme la police nationale, sous la tutelle du ministère de l'Intérieur, la gendarmerie nationale, qui dépend du ministère de la Défense, les CRS (policiers antiémeutes aux allures de gladiateurs), la police judiciaire, le Groupe d'intervention rapide, et d'autres encore. Mais dans l'esprit des Français, il y a plutôt ceux qui ont l'air idiot et les autres.

Parmi ceux qui ont l'air idiot, il y a certains gendarmes, ainsi que les patrouilles de flics qui parcourent les rues de Paris et dont l'allure approximative et assez débraillée leur donne l'air d'avoir échoué aux castings de la police new-yorkaise. Les CRS, sans doute du fait de leur brillante combinaison bleue qui se ferme depuis l'entrejambe, n'ont pas l'air plus finaud. Toutes ces unités ont une mauvaise image publique. L'avis général est que les CRS ne sont bons qu'à matraquer les étudiants et les militants syndicaux, et les gendarmes et autres agents en uniforme à déambuler en laissant impunis de graves crimes dissimulés sous des montagnes de paperasse.

Mais en réalité, les flics qui ne font pas sérieux sont là pour éviter que l'attention se porte sur ceux qui se font plus discrets. Dans les journaux, on lit souvent des brèves relatant le démantèlement de vastes réseaux de fraude, de prostitution ou du crime en ligne. Pas de bruit, de nombreuses arrestations, et des suspects expulsés ou envoyés pourrir en prison. La police française ne semble pas trop se soucier du crime isolé – si vous êtes cambriolé, c'est votre affaire –, mais donnez-lui tout un réseau à démembrer et ses services de renseignement s'épanouissent silencieusement dans l'action. Si ce réseau implique des personnes d'influence, il ne sera peut-être pas démantelé aussi vite, mais ça, c'est un autre problème.

Les flics en uniforme font eux aussi des descentes spectaculaires dans les milieux criminels, mais pour attraper de plus petits poissons. Ainsi, chaque week-end à la frontière italienne, des cohortes de policiers français confisquent de faux tee-shirts Dior, de piètres imitations en plastique de sacs Louis Vuitton, et d'autres contrefaçons de produits de luxe. Ces produits ne sont pas le fait d'un trafic organisé, mais simplement de gens du coin passés en Italie pour s'acheter une veste « de marque » cent fois moins chère. Les gendarmes arrêtent les véhicules qui ont été préalablement repérés sur le parking du marché de Vintimille par des espions payés par les grandes marques visées. Ces indics donnent par téléphone le numéro des plaques d'immatriculation aux gendarmes, qui stoppent et dépouillent les acheteurs à peine ont-ils remis les roues en France.

Il s'agit là de prises incroyablement faciles. Pendant ce temps, on peut faire passer clandestinement des cargaisons d'esclaves blancs, de lance-grenades ou d'héroïne, à partir du moment, bien sûr, où l'on n'est pas suffisamment important pour intéresser les services secrets. Et à partir du moment où on ne porte pas une fausse montre Cartier au poignet.

L'argent ? Quel argent ?

Il y a un sujet sur lequel les Français ne se sentent pas à l'aise en société : l'argent. Ou plutôt leur argent.

Si on en a, on ne le dit pas. Seuls les pauvres et les grossiers parlent de ce qu'ils ont payé pour telle ou telle chose ou de combien ils gagnent. Et seuls les « nouveaux riches » portent de grosses montres et conduisent des Hummer bling-bling.

Mais ce silence est davantage commandé par la peur que par la discrétion polie. En France, le seuil d'imposition est beaucoup plus bas qu'en Grande-Bretagne. Si vous possédez un appartement pouvant loger une famille au centre de Paris, vous aurez sans doute à payer l'impôt sur la fortune (ISF). Un jour, je suis allé à un dîner dans une famille parisienne. Un ascenseur venait d'être installé dans leur immeuble en bord de Seine. Habitant au cinquième étage, la valeur de leur appartement avait pris au moins 20 %, le plaçant presque certainement au-dessus du seuil de l'ISF. Une Anglaise présente à la soirée a demandé combien les lieux valaient désormais. L'hôtesse s'est mise à blêmir, en état de choc. Croyant devoir être polie, elle a répondu à son invitée, mais il s'agissait là d'une question effroyablement abrupte dans une telle soirée, un peu comme si elle avait demandé combien d'amants elle avait en ce moment. Je suis intervenu, expliquant à notre hôtesse que c'était une question très britannique et détournant la conversation vers des sujets moins menaçants. Comme par exemple combien d'amants les *autres* avaient en ce moment.

Sachant que de nombreux citadins aisés possèdent à la fois un appartement, une maison de campagne et deux bonnes voitures, ils ont intérêt à faire profil bas. Se promener avec un pardessus en cuir Louis Vuitton et acheter des lunettes de soleil Dior pour son caniche serait plus que vulgaire. Ce serait un suicide financier.

Cela explique pourquoi les Français excellent dans le contre-snobisme (attention : le contre-snobisme est un snobisme). Tout comme les artistes français prétendent (faussement) que peu leur importe si personne n'achète leurs peintures, les riches sont très doués pour paraître pauvres. Ou pour essayer, en tout cas.

J'ai passé quelques étés à l'île de Ré, qui est la capitale de ce snobisme rentré. Toute personne qui est « quelqu'un » à Paris y possède une maison, mais personne ne veut le dire : l'île est tellement à la mode que le prix de l'immobilier y est devenu délirant. Or, on paie son ISF sur la valeur potentielle de ses biens, pas sur le cash que l'on recevrait en les vendant. Du coup, les riches Parisiens essaient de se fondre au milieu des locaux (tout en se dissociant des vacanciers qui louent une maison pour l'été ou – horreur – séjournent dans les campings de l'île). Regardez avec attention le pêcheur au teint hâlé qui marche le long du quai sur le port rupin de Saint-Martin-en-Ré et vous verrez que sa chemise un peu passée est une Ralph Lauren, son short froissé un Lacoste et ses chaussures de marin de vieux mocassins Gucci. Il est peut-être bien arrivé sur le quai dans une antique 2CV, voire – encore plus chic – sur un vélo rouillé. Mais sa puissante et silencieuse Renault est bien rangée dans le garage délabré à côté de sa résidence insulaire. Et si Johnny Depp venait à lui demander où se trouve le chocolatier le plus proche, il lui répondrait d'un ton hautain d'aller se renseigner à l'office de tourisme.

Un cadavre dans le placard

Le secret règne aussi dans les affaires immobilières. La procédure française rend l'achat moins stressant que dans d'autres pays grâce à un système de compromis de vente, accord qui donne à l'acheteur un délai de réflexion de sept jours. Une fois ce document signé, le vendeur ne peut accepter de meilleure offre. Malgré cela, l'acheteur risque de se faire prendre dans la toile du secret.

Bien entendu, quand il achète une maison, le Français peut prendre un notaire pour s'assurer qu'il n'existe pas de projet devant faire passer une autoroute au milieu de la cuisine. Il exige aussi la preuve que le bâtiment n'est pas infesté de termites ou bourré d'amiante. Mais personne ne demande une étude technique des fondations pour être sûr que la maison ne va pas s'effondrer sur elle-même. J'ai soulevé la question d'une telle étude lorsque j'ai acheté mon premier petit appartement à Paris. L'agent immobilier m'a regardé comme si je demandais la preuve que la Terre n'était pas plate. D'ailleurs, si j'avais trouvé quelqu'un pour conduire cette étude et découvert que les murs porteurs de l'immeuble avaient été supprimés et que tout tenait sur les câbles téléphoniques, je n'y aurais rien gagné. L'agent m'aurait simplement dit : « Très bien, vous voulez acheter, oui ou non ? Si c'est non, pas de problème, car le prochain acheteur ne demandera pas une telle étude. »

J'ai trouvé plus utile d'inspecter les appartements en compagnie d'un ouvrier en bâtiment. Il peut pointer des défauts, mesurer l'humidité et regarder dans les coins d'un air impénétrable, émettre un significatif « hmmmm » et poser des questions au vendeur comme « Et quand est-ce que cette embrasure de porte a été posée exactement ? » Cette méthode directe, moins administrative et plus secrète, peut faire trembler le vendeur. Elle m'a aidé à négocier une importante remise pour mon second et plus vaste appartement. Lors de la visite, je me suis isolé dans un coin avec mon maçon avant de faire une proposition de prix basse, sans donner de raison. L'offre fut acceptée. À ce jeu du secret, on peut être deux...

Dans les petites villes, si celui qui vend une maison ou un terrain a des amis à la mairie, toutes sortes de choses indésirables peuvent être camouflées ou oubliées. Sinon, comment expliquer que tant de maisons en Languedoc sont construites sur des zones inondables ? Et pourquoi M. Dupont a-t-il eu l'autorisation d'ajouter un étage à sa maisonnette et les agents immobiliers ont assuré l'acheteur potentiel de la maison d'à côté qu'il pourrait faire de même, quand cette autorisation lui est refusée d'emblée après l'achat ? Pire, pourquoi la mairie vous envoie une lettre le lendemain de votre acquisition d'une grange aménagée pour vous informer que celle-ci n'est pas conforme et exiger qu'elle soit détruite ?

Si on achète dans un village, il vaut mieux aller à la mairie et enquêter sur les demandes d'aménagement faites dans le passé sur la propriété visée, et celles en cours sur les maisons et terrains avoisinants.

Si on achète un appartement, il est essentiel d'examiner les comptes-rendus des réunions de syndic. Ces procès-verbaux des réunions de copropriété éclairent tout ce que le vendeur et l'agent immobilier veulent taire.

Ou peut-être que le syndic en a tellement ras le bol du refus des propriétaires de faire la moindre dépense d'entretien qu'il est sur le point de résilier son contrat et de laisser l'immeuble sans personne pour le gérer.

Tout cela se trouve dans ces procès-verbaux. Les révélations qu'ils contiennent sur la vie secrète de l'immeuble peuvent être fascinantes. Et peuvent éviter à l'acheteur de passer pour un parfait idiot.

Mais, malgré ces défauts et difficultés, le système français a deux gros avantages.

Premièrement, il facilite l'achat. Des amis à Londres ont récemment essayé d'acheter une maison. Ils étaient d'accord sur le prix, ils avaient leur crédit, ils avaient vendu leur ancienne maison et ils attendaient juste la convocation pour signer l'achat. Puis un jour, coup de fil de leur notaire : « Euh, en fait, les vendeurs ont accepté une offre supérieure... » Pas de discussion, c'est tout à fait légal en Grande-Bretagne. Résultat, ils avaient le choix entre annuler la vente de leur propre maison et passer six mois dans une location aussi pourrie qu'onéreuse en cherchant une nouvelle maison. Ils ont choisi de rester chez eux. Les Anglais se plaignent que le marché immobilier est instable ? On se demande pourquoi.

Deuxièmement, le système britannique pousse à la hausse des prix. C'est une des raisons pour lesquelles l'immobilier est si cher chez nous. Ridiculement cher. Pour le prix d'une petite maison dans un village à proximité d'une grande ville comme Manchester, c'est-à-dire à quarante minutes d'embouteillages monstres de son lieu de travail, on peut littéralement acheter un petit château en Dordogne.

Et malgré tout ce qu'on dit, les Anglais sont presque toujours les bienvenus dans un village français. Je n'ai senti aucun esprit « English go home » quand j'ai visité la Corrèze. Au contraire, il y avait plein d'agriculteurs qui semblaient très contents à l'idée de me vendre leur vieille grange pourrie pour 200 000 euros…

Tu ne sauras point

> ## *Quelques phrases à utiliser lorsqu'on cherche à savoir la vérité sur une maison ou un appartement que l'on entend acheter*
>
> Où est la centrale nucléaire/station d'épuration/porcherie la plus proche ?
>
> Pourquoi la maison/l'appartement est en vente ?
>
> Avez-vous une carte des zones inondables ?
>
> Je voudrais visiter avec mon maçon.
>
> C'est quoi cette fissure dans le mur/cette tache au plafond/ce trou dans le plancher ?
>
> C'est quoi cette odeur dans l'escalier ?

L'office de tourisme de Paris offre un service unique au visiteur qui souhaite rapporter chez lui un souvenir sur ses chaussures.

8ᴱ COMMANDEMENT

Tu n'aimeras point ton prochain

Tu n'aimeras point ton prochain

Les Français sont fiers d'être individualistes. Ils y voient la preuve qu'ils ont du caractère, aux antipodes des ternes meutes animales que sont les fans de football anglais et autres Scandinaves. Mais, en réalité, ce qu'ils essaient vraiment de faire est de trouver une justification philosophique au fait de ne pas laisser leur siège à une femme enceinte dans le bus.

Oui, je sais, je suis injuste : les Français ont un plus grand sens de la solidarité que beaucoup d'autres Européens. Ils paient de lourdes contributions fiscales et de Sécurité sociale, qui servent à fournir de généreuses retraites et allocations chômage, et une excellente couverture médicale. Ils ont une loi sur la non-assistance à personne en danger qui punit le fait de ne pas porter secours, au moins par un coup de téléphone, à une personne en train d'être agressée ou appelant à l'aide à travers la porte de son appartement. Il est illégal d'expulser en plein hiver un locataire qui ne paie pas son loyer, ou de lui couper l'électricité. Il est presque impossible de déshériter ses enfants.

Enfin, comme nous l'avons vu dans le deuxième commandement, même au cœur d'une longue grève des transports, les salariés se serrent les coudes.

Sous cette chaude couverture, les Français aiment se sentir engagés dans une croisade solitaire contre le système et contre le reste du monde.

Lycée-faire

Une théorie classique veut que cet individualisme vienne de leur passé paysan (pratiquement toutes les familles françaises n'ont qu'à remonter deux ou trois générations pour trouver un paysan qui bataillait non seulement contre les acheteurs de fromage et les vendeurs de charrues, mais contre les éléments eux-mêmes). Pourtant c'est un peu comme dire que chaque Français devrait savoir comment traire une chèvre. En fait, ils sont rigoureusement éduqués à l'individualisme dès l'école. Tout d'abord, les écoles n'ont pas d'uniforme : c'est chacun sa marque, les enfants peuvent s'habiller comme ils l'entendent (sauf s'ils souhaitent porter des signes religieux). Au collège, aucun élève n'a le même emploi du temps, car cela dépend des matières choisies. Au lycée, la journée n'a carrément plus aucune structure. C'est le laisser-faire complet ! À l'université, la vie relève encore plus de la survie. Dans un prétendu esprit de démocratie, les universités accueillent n'importe quel bachelier (et qui a une maman prête, le jour de l'inscription, à faire la queue pendant des heures). Du coup, les salles de classe et amphithéâtres sont bondés et les étudiants doivent se battre pour avoir un siège ou demeurer debout au fond. L'enseignant, lui, s'il n'est pas en grève ou absent pour faire une recherche mieux payée, arrive, parle dans un micro, puis disparaît. À la fin de la première année, la moitié des étudiants seront écartés après avoir échoué aux examens faute d'avoir reçu assez de soutien. Darwin lui-même n'aurait pas pu inventer façon plus efficace de transformer de jeunes Français en éclaireurs solitaires.

Ce système a cependant un atout majeur : comme ils n'ont pas de cadre scolaire, les jeunes consacrent beaucoup plus de temps à leur vie hors cursus. Les trous dans leur emploi du temps leur donnent nombre d'heures pour débattre des différentes façons de séduire et pour mettre celles-ci en pratique. Ils apprennent à fumer avec assurance et à traîner dans les cafés comme les adultes. Et comme ils restent généralement chez papa et maman jusqu'à l'âge de vingt-cinq ans, ils peuvent s'exercer à vivre comme leurs aînés sans le stress d'avoir à trouver un travail et un endroit où vivre. Ils peuvent se prélasser sous leur chaude couverture et se concentrer sur leur ego.

Huitième commandement

Je fume, moi non plus

Printemps 2008. Je suis en train de marcher à Saint-Germain-des-Prés, profitant de l'ambiance parisienne en cette saison. Les hommes reluquent les jambes découvertes des femmes, les Vélib' passent comme un souffle sur le pavé, poussant les piétons dans le caniveau, et les cafés se remplissent de fumeurs bavards.

Des fumeurs ? Mais fumer dans les cafés et les restaurants n'est-il pas interdit depuis le 1er janvier en France ? Si, c'est bien affiché clairement sur la porte des cafés, où le client est averti de l'amende de 68 euros qu'il encourt s'il en allume une. Il y a même un énorme pictogramme d'une cigarette barrée d'une croix, histoire que les Parisiens trop pressés pour lire reçoivent quand même le message. Et pourtant, je vois bien l'air voilé par la fumée bleue d'une dizaine de cigarettes tandis que les gens savourent leur café matinal accompagné d'un shoot de nicotine.

Typique, pensera-t-on, de ce mépris éhonté des Français pour la loi. Eh bien, non. Ces Français fument dans un café tout en obéissant à la loi antitabac. Bienvenue en France. Depuis le premier jour de 2008, il est illégal pour tout commerce d'exposer à la fumée un client non consentant. Tout café ou restaurant souhaitant autoriser les gens à fumer est obligé d'aménager un fumoir. Mais les normes du fumoir, ses murs épais, ses portes à fermeture automatique et ses bouches d'aération sont si draconiennes que personne n'y songe. Du reste, ils n'en ont pas besoin : il est parfaitement autorisé de fumer à la terrasse du café ou du restaurant.

Les cafés qui avaient l'habitude de poser quelques tables sur le trottoir ont fini par faire de leur terrasse un enclos, créant ainsi de nouveaux espaces fermés mais légaux où les fumeurs peuvent se laisser aller à leur vice. Pendant l'essentiel de ce premier printemps d'interdiction, les fumeurs ont pu se presser dans ces espaces, couverts d'une toile, pour l'emplir d'autant de fumée qu'avant. De puissantes chaufferies les protégeaient d'une bronchite non liée au tabac. Ce fut une période dorée pour les vendeurs de bâches et de radiateurs. Au final, il est à la fois légal et illégal de fumer dans les cafés et les restaurants, tant est devenu vague ce que l'on entend par « dans ». Et on imagine les responsables politiques en train de dire dans un haussement d'épaules : « Quoi ? Nous avons déjà imposé cette loi, que voulez-vous que nous fassions de plus ? »

Le laisser-faire n'est pourtant pas complet. La loi a bel et bien changé certaines façons de manger et de boire des Français.

Quand vous êtes assis dans la partie du restaurant à l'intérieur des murs pleins, il est désormais possible de manger sans avoir sa langue recouverte des émanations de fumée du voisin de table. Avant, les zones non-fumeurs étaient une supercherie, c'est-à-dire trois ou quatre tables dans un coin près du bar où tout le monde, y compris le barman, fumait toute la journée. Un jour, j'ai demandé dans un restaurant s'il y avait une zone non-fumeurs et le garçon m'a répondu : « Pas vraiment, c'est mixte.

— Mixte ? Vous voulez donc dire que tout le restaurant est fumeur ?

— Oui, m'a-t-il répondu. Mais vous n'êtes pas obligé de fumer si vous ne voulez pas. »

Avec la nouvelle loi, les choses ont changé et les gens affluent vers des endroits où ils n'auraient pas osé aller avant. Ainsi, la presse a cité des propriétaires de bar exprimant leur étonnement de voir des mères oser venir avec leurs enfants. Mais d'autres conséquences ne sont pas aussi positives.

La première est le phénomène inquiétant du « café baskets ». La personne entre dans le bar, commande une boisson, la boit en bonne partie, puis dit qu'elle va juste fumer rapidement une cigarette dehors. C'est là que l'élément « baskets » entre en jeu, quand la personne s'enfuit sans payer. Les tenanciers commencent à y faire attention et jettent un œil sur les chaussures du client. Du coup, les Américains soucieux de leur santé et se trouvant en visite en France ont souvent l'impression d'être regardés de façon anormalement suspicieuse quand ils prennent un café après leur jogging.

La seconde conséquence négative de la loi antitabac est beaucoup plus alarmante. En fait, les fumeurs ont peut-être trouvé refuge sur la terrasse, mais ils ne sont pas vraiment contents d'y être. Jadis, beaucoup d'entre eux étaient appuyés au bar, jouaient au Loto, mataient la serveuse et payaient leur boisson moitié prix. Car en France, les cafés appliquent généralement trois prix différents pour le bar, la salle et la terrasse, où les boissons sont les plus chères, sans doute pour indemniser le serveur qui doit tant marcher pour prendre les commandes. Les terrasses des cafés sont donc maintenant pleines de fumeurs ulcérés de payer le prix fort et qui veulent en avoir pour leur argent. Ils fument ainsi sans interruption, ce qui, aux heures de déjeuner et pour dîner, ne veut pas dire seulement entre les plats mais souvent tout en mangeant. Avant que la loi ne soit votée, il était possible pour un non-fumeur de se pencher vers la table d'à côté et de dire quelque chose comme : « Excusez-moi, je respecte votre droit de fumer et je n'ai rien contre le tabac – certains de mes amis sont en cure de désintoxication –, mais je vous serais reconnaissant si vous pouviez tenir votre cigarette quelques centimètres plus loin de mon assiette afin que je puisse goûter le plat assez cher que j'ai pris. Et merci beaucoup d'avance pour votre compassion. »

Dans la moitié des cas, ça marchait. Aujourd'hui, c'est impensable. Cela ne fait que provoquer une diatribe sur la façon dont les fumeurs sont ruinés, non seulement par l'effondrement du système bancaire mondial et la hausse du pétrole (et donc du goudron), mais encore par le doublement brutal du coût des boissons. Quand l'ire prend fin, votre plat est froid depuis longtemps.

C'est d'une ironie tragique. Le soleil brille, les auvents des terrasses de café sont repliés et alors que vous désirez simplement vous asseoir le long du trottoir pour prendre l'air et regarder passer les gens, il vous faut un masque à gaz. C'est aussi absurde que tout ce dont a rêvé Albert Camus.

Cette habitude française de fumer pendant le repas – j'ai souvent vu des gens finir leur cigarette tandis que le plat qu'ils viennent de se faire servir refroidit sur la table – pose un problème de fond : tous les Français affirment aimer la nourriture, mais comment diable la goûtent-ils ? Peut-être est-ce pour cela qu'ils disent que la bouffe « anglo-saxonne » est si fade : il n'y a pas de nicotine dedans.

En n'attendant pas Godot

Les Français pensent que les files d'attente ont été inventées pour les gens qui ont du temps à perdre et dont la vie est si ennuyeuse qu'ils n'ont rien de mieux à faire. Attendre dans la queue, c'est comme reconnaître sa défaite.

Aux arrêts de bus, aux stations de taxis, dans les cafés et presque partout où la file n'est pas encadrée par des barrières, le Français n'attendra pas patiemment. De tels cordons n'ont été introduits qu'au cours des dernières années et il n'est qu'à voir le regard dépité des Parisiens contraints d'attendre leur tour par de petits piquets en plastique et des bandes en nylon pour comprendre combien il leur est difficile d'abandonner leur habitude de pousser dans la queue.

Je me souviens de la première fois où j'ai vu ce système à Paris. C'était dans le grand rayon d'alimentation de l'ancien magasin Marks & Spencer, au Châtelet. Auparavant, il y avait trois ou quatre caisses et les clients n'avaient qu'à choisir la file la plus courte. Un soir, en allant acheter mes shortbreads et un petit dessert à la confiture de framboises, j'ai vu que le système de queue avait changé : il y avait désormais une sorte d'enclos où tout le monde devait attendre que la première caisse se libère. Les Britanniques s'adaptèrent au système immédiatement, d'autant plus qu'il y avait un panneau sur pied qui disait « Faites la queue ici » et que nous, expatriés, sommes en général des gens assez disciplinés et d'éducation classique. Les Français, eux, étaient complètement perdus. On pouvait le voir dans leur regard quand ils lisaient la pancarte. « Pourquoi, se disaient-ils, devrais-je attendre derrière cet homme avec un paquet de biscuits et ce grotesque dessert anglais alors qu'il y a une caisse en face de moi qui va se libérer dans dix secondes ? » Certains d'entre eux ignorèrent tout simplement le système et forcèrent leur chemin (non sans quelques plaintes et

Huitième commandement

soupirs anglais, bien sûr – « *It's not cricket* ! »). D'autres renoncèrent et prirent le bout de la file, l'air penaud, essayant de ne pas faire trop français.

Peu de temps après, Marks & Spencer a fermé ses magasins en France. Selon la presse, la décision entrait dans le cadre de la stratégie de l'entreprise, mais je suis sûr que cela avait à voir avec la tentative d'introduire les files d'attente obligatoires à Paris de façon prématurée.

Ces cordons existent désormais dans la plupart des grands bureaux de poste, ce qui est une bonne chose car le plus extraordinaire exemple de resquille dans une queue que j'aie jamais vu a eu lieu dans un bureau de poste parisien dépourvu de tels cordons.

Cela s'est passé dans le bureau ouvert sept jours sur sept et vingt-quatre heures sur vingt-quatre de la rue du Louvre. C'était un dimanche matin et je m'y trouvais avec un chariot plein de livres à envoyer. Bêtement, j'avais fait la grasse matinée et quand je suis arrivé à 11 heures il y avait une longue et sinueuse file d'une vingtaine de personnes attendant de s'avancer vers l'un des deux seuls guichets ouverts. Les gens se tenaient debout en tournant légèrement le dos au guichet, comme pour montrer clairement que la personne de devant pouvait aller soit à droite soit à gauche en fonction de quel guichet se libérait en premier. La file progressait très lentement et chacun trépignait d'impatience. L'air était lourd de cette attente, les gens avaient l'œil aux aguets, espérant une occasion de griller la file ou d'arrêter quelqu'un en train de le faire.

Une dame est alors entrée, l'allure chic, veste en cuir, talons aiguilles et queue-de-cheval noire. Elle a jeté un regard sur cette file de vaincus et s'est avancée directement pour se mettre debout derrière la personne que l'on servait à l'un des guichets. Un hurlement de protestation a suivi. « Pourquoi restez-vous tous plantés là ? a-t-elle alors interrogé avec dédain. Je viens ici tout le temps et personne ne fait jamais la queue ainsi. On se met juste devant l'un des guichets. » Et, sur ces mots, de tourner le dos aux protestataires. En trois secondes, la longue queue s'est désintégrée. Il y avait maintenant deux lignes, une devant chaque guichet. L'expérience de contrôle social avait échoué.

De tels incidents arrivent aussi dans les aéroports. Si la compagnie aérienne annonce que l'embarquement pour un vol va commencer avec les rangées 40 à 57, tout le monde s'avance, sans exception, et le plus souvent le personnel au sol laisse tout le monde passer. Quand on entre enfin dans l'avion pour essayer d'atteindre son siège à la rangée 57, on se trouve ainsi bloqué dans le couloir au niveau de la rangée 12 par un couple qui tente d'enfoncer dans le compartiment de dessus un bagage à main trop gros, au rang 16 par un homme étalant ses journaux, son ordinateur et son Blackberry pour sa séance de travail d'après décollage, et d'autres resquilleurs tout aussi exaspérants aux rangées 21, 25, 30 et 34.

Si on essayait de jouer à ça dans un aéroport américain, on serait rabroué et sommé d'attendre jusqu'à ce que sa rangée soit appelée. Une fois, j'ai vu une queue plus ou moins organisée dégénérer en mêlée de rugby quand les passagers français d'un vol Air France Miami-Paris se sont rués vers le personnel au sol américain. Des gens munis de cartes d'embarquement pour des rangées n'ayant pas été appelées s'étaient pressés devant, puis avaient été refoulés par le personnel de la compagnie mais étaient restés ainsi postés en tête de file afin d'être les premiers à embarquer une fois appelés, ou avant s'il advenait que les gens chargés de vérifier le numéro de rangée plient sous la pression et laissent passer ne serait-ce qu'une seule personne de façon prématurée. La file d'attente a alors enflé et fini par imploser comme une vague de cyclistes du Tour de France qui se serait écrasée contre l'arrière de la caravane. En quelques minutes, toute la salle d'embarquement est devenue un impénétrable embouteillage. Un système visant à rendre l'embarquement plus fluide avait, à cause des passagers français, abouti à l'anarchie complète.

Une fois encore, il s'agit de ce « moi, ma vie, et ma façon de vivre ». Si la vôtre était réellement importante, se dit le Français, vous seriez en train de forcer votre chemin devant moi au lieu de rester là à attendre comme une vache devant l'abattoir. La vraie devise de la France est « Liberté, Égalité, Dégagez ».

Une conduite de fou

Les feux rouges, bien sûr, sont une autre forme de file d'attente. L'attitude du Français à leur égard est donc simple : ces feux ne sont là que pour l'empêcher de faire ce qu'il a d'important à faire. L'automobiliste français a deux raisons philosophiques supplémentaires d'ignorer les feux rouges. La première, pense-t-il, est que ces feux, à l'instar des préservatifs, ont été inventés par quelque angoissé congénital qui pense que je ne sais pas faire attention à moi. La seconde est que si je décide qu'il n'y a pas de risque à brûler le feu, c'est qu'il n'y en a pas. Je suis français, je le sais donc mieux que quiconque.

Au final, la conduite en France est à se tirer les cheveux.

Une fois, j'ai conduit de Sienne à l'aéroport de Florence (oui, messieurs les géographes, je parle maintenant de l'Italie). Je redoutais un peu le trajet, en partie parce que j'étais seul et qu'à l'époque il n'existait guère de GPS dans les voitures pour vous dire où tourner à gauche et à droite, mais surtout parce qu'on m'avait servi le mythe selon lequel les Italiens sont les pires conducteurs d'Europe.

Je me suis complètement perdu dans Florence, déboîtant et me faufilant entre les voies et les croisements, prenant une rue à contresens, calant en essayant de lire la carte au milieu d'un rond-point, et pourtant, j'en suis sorti indemne. Les Italiens anticipent le comportement erratique des autres automobilistes et s'en accommodent.

En France – ou du moins à Paris –, j'aurais fini dans un hôpital ou à la décharge.

Les Parisiens ne conduisent pas seulement comme des fous. Ils sont aussi parfaitement intolérants vis-à-vis des autres fous. J'ai récemment pris un taxi de l'aéroport Charles-de-Gaulle au centre de Paris dont le chauffeur était l'exemple vivant de cette double démence. La circulation était dense et, tandis que nous passions l'embranchement pour le centre d'expositions du Bourget, les voitures zigzaguaient entre les voies comme des petits chiens ivres.

« Regardez, la voiture rouge, là-bas, va causer un accident », me dit mon chauffeur en accélérant pour empêcher la voiture rouge de lui couper la route. « Vous avez vu ça ? » me demande-t-il alors que je me remets de ma syncope. « Il a failli provoquer un accident. »

Dans certains pays, les freins aident les automobilistes à éviter les dégâts. En France, c'est la pédale d'accélération. Le conducteur qui a l'air le plus cinglé et dangereux gagne à tous les coups. Il se tuera sans doute un jour en s'encastrant dans un camion en filant à 200 km/h sur une route verglacée un jour de brouillard – et ses derniers mots seront : « Que fait ce crétin de camionneur sur les routes un jour pareil ? » Mais avant de mourir, il aura été le roi de la route.

Ironiquement, les énormes carambolages sont pires en été, quand l'individualisme tricolore au volant se double de l'instinct de meute des vacanciers. Presque tout propriétaire de voiture dans le pays prend l'autoroute l'un des cinq samedis clés de l'été. Ces grands départs sont réservés aux suicidaires. Les embouteillages sur les grands axes font plus de cent cinquante kilomètres, avec tous les traumatismes que cela engendre sur le psychisme du Français. Le panier à pique-nique est sans doute rempli de vin, idéal, n'est-ce pas, pour détendre un chauffeur énervé. Les enfants se chamaillent sur la banquette arrière. Et cet imbécile devant qui cherche l'accident ! Pour l'automobiliste français, c'est irrésistible. Il s'agit presque d'une question d'honneur de finir dans une collision.

Après tout, qu'attendre d'une nation dont le sport favori est un vaste embouteillage de trois semaines, le Tour de France ?

Walk on the wild side

J'ai souvent le sentiment, comme piéton à Paris, d'être un faisan en train de voler devant une rangée d'hommes armés de fusils. Et le malheur est que, à

Huitième commandement

l'instar de ces volatiles dans une réserve de chasse, je peux être fauché en toute légalité. Les passages cloutés parisiens sont en effet différents de ceux du reste du monde : on n'est pas vraiment censé les traverser, même lorsque le petit homme est vert.

Voici comment cela fonctionne. Imaginez un carrefour avec des feux de circulation. Les feux passent au rouge sur les axes est et ouest, où le petit homme se met donc au vert. Exactement au même moment, les feux passent au vert sur les axes nord et sud. Conséquence : les piétons se transforment en gibier de choix pour les automobilistes tournant à gauche ou à droite. Rien n'oblige ces derniers à s'arrêter, à part les gesticulations des passants qui essaient de traverser en pointant vainement vers le minuscule homme vert tandis que les voitures crissent des pneus en virant dans leur direction. Si l'on ajoute à cela toutes les voitures qui brûlent le feu rouge ou celles qui étaient (illégalement) coincées au milieu du carrefour et qui continuent d'avancer après le passage au rouge, on comprend pourquoi certains carrefours ne sont sûrs à traverser que si l'on est sauteur à la perche.

Et tout cela est en comptant sur la protection du petit homme vert. Les bandes blanches et noires peintes sur le macadam là où il n'y a pas de feux sont perçues par la plupart des automobilistes comme un simple graffiti. Aucun conducteur parisien ne s'y arrête jamais. Une fois, alors que j'étais assis à la terrasse d'un café en face de l'un de ces faux passages protégés, une femme enceinte était en train d'attendre avec espoir sur le trottoir, se demandant si elle parviendrait à traverser la rue avant que son bébé naisse, quand soudain une voiture s'arrête spontanément. Un vent de surprise parcourt la terrasse où je me trouve et une femme à la table d'à côté murmure : « Un provincial. » Bingo ! Quand l'automobiliste est reparti, sa plaque d'immatriculation indiquait 44 – Loire-Atlantique.

En dehors de Paris, les automobilistes s'arrêtent bien aux passages piétons sans y être contraints par les feux de circulation, un barrage routier ou un flingue pointé sur le pare-brise. En été, quand les Parisiens sont en vacances, on peut les voir traverser la rue en fixant du regard des automobilistes courtois avec un mélange de surprise, de reconnaissance et de mépris. « Pourquoi donc ce provincial s'arrête-t-il pour moi ? N'a-t-il nulle part où aller ? » se disent-ils.

Le nœud des dangers de la route en France est là. On en revient encore à un mode de vie : moi, automobiliste français, suis dans ma voiture pour aller quelque part de très important ; je dois me dépêcher d'aller au travail pour arriver à la machine à café en même temps que ma jolie nouvelle collègue ; je dois arriver à ma maison de vacances à temps pour dîner ; ou je dois atteindre le supermarché avant qu'il ne ferme ; vous autres conducteurs, piétons et feux rouges faites obstacle à ma façon de vivre. Gare à vous, j'arrive.

Huitième commandement

Walk in the merde side

C'est la même histoire pour le caca de chien. Pourquoi moi, propriétaire de chien, devrais-je perdre mon précieux temps à nettoyer ses besoins ou à l'emmener les faire dans un endroit où personne ne risque de marcher dedans ? Je ne veux pas qu'il chie dans mon salon ou sur mon palier, je l'emmène donc quelques portes plus loin, le laisse s'y soulager, puis retourne chez moi et continue ma vie.

Quelques propriétaires de chiens parisiens respectueux font, il est vrai, un effort. Ils emmènent leur chien vers de jolies rues piétonnes, où leur animal n'aura pas le système digestif perturbé par le bruit et les vibrations des voitures qui passent. Ce n'est pas leur problème si les éboueurs ne nettoient pas aussi souvent ces rues-là. De plus, le chien sera plus à l'aise et fera plus rapidement caca s'il y a déjà un peu de décoration canine par terre.

Mais la plupart des propriétaires de chiens préfèrent sortir juste après le passage des éboueurs. Certains chiens doivent avoir besoin d'une surface propre pour y déposer leur création.

Même dans les quartiers huppés, les trottoirs peuvent être dégoûtants en dépit du passage quotidien des éboueurs. Marcher sur ces trottoirs étroits peut ressembler à l'un de ces jeux de danse sur vidéo où l'on doit poser le pied sur le carré qui s'allume. Sauf qu'ici, il faut essayer d'éviter les carrés marron.

Tu n'aimeras point ton prochain

Quand je suis arrivé à Paris, je passais mon temps les yeux rivés sur mes pieds, tel un fétichiste de la chaussure atteint de timidité chronique. J'avais aussi l'habitude de laisser aller ma colère à l'encontre des propriétaires de chiens. Je travaillais dans un quartier chic de la ville, près des Champs-Élysées, et je trouvais une satisfaction certaine, bien que parfaitement vaine, à dire aux dames en manteau de fourrure qui abandonnaient le caca de leur caniche au milieu du trottoir : « Il ne faut pas chier sur le trottoir, madame. » C'était drôle de les voir reculer avec effroi, mais évidemment je n'avais pas pris en compte les subtilités françaises en matière de politesse et donc, au lieu de changer leurs habitudes, mes victimes s'offusquaient plutôt de mon incorrection. « Franchement, soufflaient-elles tandis que le petit Milou déposait sa crotte devant un magasin d'alimentation, vous les Anglos-Saxons manquez complètement de savoir-vivre ! »

Ma vie s'est améliorée une fois que j'ai appris les techniques essentielles de la survie. Ou plutôt quand j'ai compris que mes pieds étaient devenus parisiens. Rosie, une amie anglaise, était venue d'Angleterre pour le week-end. Le samedi en fin de matinée, elle regarde les semelles de ses baskets, les compare avec les miennes et me demande comment diable j'ai pu les garder si propres. J'ai dû reconnaître que je n'en avais aucune idée. Cet après-midi-là, comme nous marchions, j'ai observé mes pieds pour voir comment ils évitaient les crottes. Et j'ai découvert que, pour franchir la difficulté, ils avaient joint leur force à celle de mes yeux. Ainsi, mes yeux balayaient constamment le trottoir sur une cinquantaine de mètres, repérant les obstacles canins à l'horizon. S'ils voyaient un mont Saint-Michel miniature loin devant, ils avertissaient mes pieds qui, une fois parvenus au monticule fécal, le contournaient avec agilité. Alerte brune passée.

Rosie, quant à elle, cherchait frénétiquement du regard un pan d'architecture médiévale, les belles fesses d'un homme ou tel magasin d'habits. Et elle ne cessait de déraper. Je lui ai donc appris la technique que j'avais à l'évidence acquise et ses pieds ont miraculeusement pris de saines habitudes, surtout le dimanche quand les magasins de vêtements sont fermés et les distractions visuelles minimales.

C'est la vie

Les Français sont un peuple de philosophes. Ils vont en disant « c'est la vie » et aiment évoquer la raison d'être de chaque chose ou, avec un air plus sceptique, son je-ne-sais-quoi. Il n'est donc pas surprenant que la France ait produit quelques philosophes de grande influence.

Citons Descartes, célèbre pour son « Je pense donc je suis » mais dont la principale conviction était qu'il n'existait pas de connaissance parfaitement fiable, une idée reprise par tous les promoteurs immobiliers à travers le monde quand on leur demande quand les travaux seront terminés.

Citons aussi Rousseau, né en Suisse mais qui a essentiellement philosophé en France et est la source du problème des subventions aux agriculteurs européens pour avoir inventé la notion du « bon sauvage », ce paysan pur et honnête qui ne saurait être capable de concevoir la possibilité même d'une revendication indue.

Mais la plus grande contribution de la philosophie française à la pensée universelle est assurément l'existentialisme. Celui-ci consiste essentiellement en une justification intellectuelle de la haine de son voisin ou, au minimum, de la négation de son importance. Pour l'existentialiste, il n'y a ni moralité ni vérité absolue, et la vie est par conséquent absurde et dépourvue de sens. Rien n'a vraiment d'importance. Par conséquent, peu importe si je resquille dans la file d'attente.

Quand on se trouve sur la terrasse d'un restaurant et qu'on demande à l'homme assis à la table d'à côté pourquoi il souffle sa fumée de cigarette sur votre soupe à l'oignon et qu'il répond « Je ne sais pas, mais cela n'a pas d'importance puisque la vie, de toute façon, n'a pas de sens », on sait qu'on est assis à côté d'un existentialiste.

La plus grande star de l'existentialisme est Jean-Paul Sartre, l'auteur de *Huis clos*, où deux femmes et un homme se retrouvent envoyés en enfer et enfermés ensemble à jamais dans une pièce. Sans surprise, ils finissent par se taper sur les nerfs et Sartre en conclut que « L'enfer, c'est les autres ». Si cela n'est pas une bonne raison pour souffler sa fumée sur le dîner de l'autre, alors je ne vois pas ce qui pourrait en être une.

Un jour, dans le métro parisien, j'ai connu un grand moment sartrien. J'étais assis en train de lire un livre et je devais gigoter sans m'en rendre compte car j'ai soudain pris conscience que mon voisin était particulièrement agacé. Nos regards se sont croisés et il m'a dit avec sarcasme « Ça va ? », en faisant trémousser ses épaules et ses coudes pour me montrer combien je l'avais irrité. C'est alors que j'ai vu le titre du livre qu'il essayait de lire. C'était *Huis clos*. Ma bouche s'est ouverte pour dire : « L'enfer, c'est les autres, hein ? » Mais je me suis finalement retenu. Voilà un Français qui haïssait déjà suffisamment son prochain.

Quelques phrases dont vous pourriez avoir besoin au contact d'un Français manquant de respect

(NB : On peut rendre chacune de ces phrases plus ferme et plus querelleuse en ajoutant « merde » à la fin.)

Je sais que vous avez le droit de fumer ici, mais est-ce que vous pourriez souffler votre fumée ailleurs, s'il vous plaît ?

Vous ne faites jamais la queue, vous ?

Vous êtes poli, vous !
(À dire avec le plus d'ironie possible.)

J'attends depuis dix minutes, moi.
(Si quelqu'un essaie de passer devant vous, il est toujours conseillé d'exagérer votre temps d'attente.)

C'est rouge !
(À Paris, on peut être tenté d'ajouter « connard » si le conducteur est un homme, ou « connasse » si c'est une femme, mais il ne faut le faire que s'il n'y a aucun risque qu'il sorte pour vous agresser.)

Les serveuses et serveurs français adoptent parfois des techniques extrêmes pour éviter d'honorer les commandes de leurs clients.

9ᴱ COMMANDEMENT

Tu ne seras point servi

Tu ne seras point servi

En France, l'« industrie des services » est souvent une contradiction dans les termes. Toute personne ayant poussé la porte d'un café ou fait la queue à un guichet a une histoire à raconter : celui que le serveur a oublié, celle qui s'est fait renvoyer après un légitime scandale, ou encore, plus radicalement, celui qui s'est fait insulter.

Cela n'arrive pas seulement aux étrangers. Un Français peut être aussi mal servi que n'importe qui d'autre en France. La seule façon d'être bien servi à tout moment est d'être une femme extrêmement belle. Non pas que j'aie jamais essayé de l'être – je n'ai pas les bons genoux –, mais j'ai souvent vu de belles minettes se faire choyer et traiter aux petits oignons alors que j'attendais, debout dans la file d'attente ou assis à une table, en me demandant si l'on viendrait jamais me demander ce que je voulais.

Étant donné que très peu d'entre nous sommes ou serons de magnifiques femmes, voici quelques conseils pour être servi décemment.

Neuvième commandement

La première chose est de parler français[1]. Si on ne sait pas, et à moins d'être dans un lieu manifestement international comme un aéroport, un grand magasin parisien ou en Dordogne, on est comme un escargot dodu sur un barbecue – foutu.

Si on sait parler un français élémentaire pour dire ce qu'on veut, ou si on sait au moins dire qu'on ne parle pas ce français de base, alors la seule chose à faire est de se souvenir d'une simple règle de vie française : si on parvient à retenir l'attention de la personne et qu'on la convainc que sa cause vaut la peine d'être entendue, on peut obtenir un excellent service. En France, on trouve des gens qui tordent les règles, vous font profiter du système et produisent d'énormes efforts pour vous aider.

Beaucoup de Français travaillant dans le domaine des services sont virtuellement impossibles à virer ou à réprimander. Une taxe de 15 % pour le service est automatiquement ajoutée à toutes les additions dans les restaurants et cafés. Et on se fiche bien de savoir si vous avez été correctement servi ou non. Dans ce contexte, l'essentiel est de ne pas se mettre en colère, aussi tentant que cela puisse être.

---

[1]. À la fin de ce chapitre, on trouvera quelques phrases et mots essentiels pour ceux qui rencontrent des difficultés linguistiques et qui souhaiteraient être servis. En les utilisant, on a peut-être une petite chance de l'être.

Le serveur desservi

Le serveur français est une créature particulièrement incomprise. Un peu comme la hyène. La hyène, en fait, ne rit pas de vous. Elle émet juste de façon naturelle un son qui en donne l'impression. Les serveurs français sont à son image. Mais ils peuvent aussi être incroyablement charmants, serviables et efficaces. Tout comme la hyène quand elle nourrit ses petits des morceaux d'une antilope qu'elle a préalablement mise en pièces.

Le truc est de ne pas apparaître comme une antilope en puissance. Si le serveur est pressé ou de mauvaise humeur, ou les deux, on peut se faire déchiqueter. Il faut toujours se dire qu'on est un lion et donner l'impression qu'on connaît la savane aussi bien que le serveur, même si ce n'est pas le cas. Cela ne veut pas dire qu'il est nécessaire d'être un expert en vin (encore que connaître la différence entre un champagne et un chablis est utile) : cela fait partie des conseils que l'on peut légitimement demander à un serveur et qu'il sera heureux de fournir. Mais cela veut dire qu'en s'asseyant dans un café ou un restaurant, il faut se sentir aussi à l'aise que tout le monde autour.

Si, pour une raison ou une autre, on est mal à l'aise – et si on est ostensiblement ignoré par les serveurs, ce qui peut arriver –, il faut simplement faire ce qu'un lion fait quand il trouve que l'endroit où il se repose n'est pas assez à l'ombre : se lever joyeusement, et s'en aller. Dans la mesure, bien entendu, où ce n'est pas le seul restaurant ouvert dans les vingt kilomètres à la ronde, auquel cas il ne reste qu'à se dire que « c'est la vie », et faire avec.

Soyez sûr, aussi, que si vous passez l'épreuve et réussissez à décrocher la commande, vous gagnerez le respect de tous les serveurs ou serveuses, à part les plus asociaux, et bénéficierez du meilleur d'eux-mêmes.

Comment être bien servi en France

En douze ans de vie française, j'ai appris qu'être bien servi est tout sauf un droit divin. C'est comme un jeu informatique. Il s'agit d'appuyer sur le bon bouton, sinon la partie est finie avant même qu'on ait pu acheter le moindre croissant.

En premier lieu, il faut comprendre que le Français qui vous sert n'est pas votre ami. En Californie, j'ai été servi par des gens qui semblaient m'offrir leur corps quand je ne faisais que demander un jus d'algues marines. En France, cela n'arrive pas, à moins de tomber sur un salon de massage qui propose aussi des boissons diététiques. Mais même dans ce cas, vous ne voudriez probablement pas devenir ami avec un serveur français. Pourquoi donc se soucier du fait qu'il vous aime ou non ? Ce qui est important, c'est qu'il vous respecte comme adversaire, pas qu'il veuille faire équipe avec vous à la pétanque.

Si l'on garde cela à l'esprit, on peut éviter d'être dégoûté pendant qu'on s'échine à passer les trois niveaux du jeu du service en France.

Niveau 1
NE PAS FAIRE ATTENTION AU CLIENT

Ma pire expérience ? Le jour où j'ai voulu avoir un café dans un endroit à la mode près du centre Pompidou. L'intérieur y avait été dessiné par Philippe Starck et les prix semblaient indiquer qu'ils étaient encore en train de payer le mobilier. Les tables rondes en métal étaient soudées au sol, ce qui aurait dû me faire comprendre que, d'emblée, l'attitude à l'égard du client était des plus méfiantes.

Il n'y avait pas grand monde : seules trois tables étaient occupées sur la mezzanine. Je m'assois et attends qu'on me serve. Finalement, au bout de dix minutes environ, le serveur, un grand gars type mannequin en costume noir, monte tranquillement l'escalier. Je le fixe droit dans les yeux, comme il faut toujours faire avec les serveurs français – dès qu'il jette un coup d'œil dans votre direction, il faut annoncer sa commande avant qu'il ne puisse s'échapper. Mais là, le type croise mon regard, fait la moue d'un air renfrogné comme si j'étais un photographe de *Vogue* le prenant sur un podium, et me tourne le dos. Puis il note les commandes des autres tables, revient lentement vers moi, évite cette fois-ci de croiser mon regard, et redescend.

Quel a été mon tort ? Ai-je oublié que j'étais dans mon habit d'homme invisible ?

En fait, je crois que j'ai commis deux erreurs fatales.

La première est d'avoir hésité un millième de seconde lorsque j'ai attrapé son regard. Je me suis laissé vaincre et dominer par le sien, plein de mépris. C'est dans ce minuscule espace de temps entre le coup d'œil et la moue que j'aurais dû sortir mon « Bonjour, un café s'il vous plaît ».

La seconde erreur est d'avoir été du mauvais côté d'une ligne invisible. Je n'étais pas assis à l'une de « ses » tables. L'autre serveur était à l'évidence dispensé d'escalier ce jour-là (peut-être était-il tombé d'un podium ?) car personne d'autre n'a fait la moindre tentative pour venir servir à la mezzanine. Ce genre de chose arrive aux Parisiens comme aux visiteurs. Cette ville ressemble parfois à une sorte de jungle branchée. Inutile de se poser des questions. La seule issue est d'en rire et de s'en aller. Il y a suffisamment de cafés à Paris où l'on peut effectivement être servi.

Cette anecdote est un cas extrême, bien sûr. Ce qui est beaucoup plus courant, c'est de voir des vendeurs dans une boutique continuer à raconter des potins sur leur patron alors que vous attendez d'être servi. Dans ce cas, si on a vraiment besoin de ce qu'ils ont en magasin, il faut interrompre la conversation d'un joyeux mais ferme « Bonjour ! », que les Français utilisent pour dire « Vous allez me servir ou quoi ? »

Le point clé est de ne pas se fâcher. Et ce point est particulièrement important lorsqu'on atteint le...

Niveau 2
DIRE NON, TOUT SIMPLEMENT

En France, quand une fille dit non, cela veut souvent dire oui. Pareil pour les hommes, d'ailleurs. Je ne veux cependant pas dire qu'ils veulent se faire violer, même si être bien servi en France donne parfois un peu l'impression de faire l'amour sans consentement.

Voici comment le non-qui-veut-dire-oui fonctionne.

Je suis à Reims en train de visiter les caves de champagne et je ne veux pas quitter la ville sans avoir vu la plus magnifique d'entre elles, celle du domaine de Pommery. Seul problème : nous sommes un dimanche à l'heure du déjeuner, je dois prendre le train de 17 heures et il faut réserver sa place à l'avance pour une visite guidée.

J'appelle Pommery et demande à quelle heure est la prochaine visite.

« Oh, nous n'avons pas de place avant la visite de 16 h 45, me dit l'hôtesse.

Neuvième commandement

— Vous n'avez vraiment rien avant cela ?
— Non, désolée. Nous sommes complets. »

À cet instant-là, le client timide est censé raccrocher et laisser l'hôtesse en paix avec sa liste de réservations bien en ordre. Mais je connais les règles.

« Mon train est à 17 heures, dis-je, 16 h 45 est donc trop tard.

— Très bien, fait la dame. Est-ce que 14 h 30 irait ?
— Parfait », réponds-je en prenant ma réservation.

Il est complètement inutile d'entamer une discussion morale abstraite à propos du fait qu'elle ne m'ait pas proposé 14 h 30 d'emblée. J'ai ce que je veux, non ? Alors qu'est-ce que ça peut faire ?

Récemment, j'ai à nouveau fait face à une telle situation et je dois être de plus en plus performant à ce jeu car j'ai obtenu un succès encore plus étonnant.

Nous sommes un 6 février. Je suis en train de voyager entre Lannion, en Bretagne, et Paris. Après avoir pris un train régional, je dois attraper le TGV à Saint-Brieuc. À Lannion, je composte mon billet et monte dans le train où je me fais dire par le contrôleur que la date de mon billet n'est pas bonne. Celui-ci indique le 10 février, pas le 6. Je sais que ce n'est pas vraiment ma faute car j'ai bien dit à la personne auprès de qui j'ai pris mon billet à Paris que je voulais rentrer le lundi. C'est elle qui s'est trompée de date. Mais il est inutile de dire cela au contrôleur car il me répondrait que c'est ma faute si je n'ai pas bien vérifié mon billet. Ce qui est vrai, j'imagine.

Tu ne seras point servi

« Pour ce train, ce n'est pas un problème car il est accessible sans réservation, me dit-il, mais vous devez changer votre billet avant de prendre le TGV, où la réservation est obligatoire. Vous pouvez le faire à la gare de Saint-Brieuc. » La situation est inquiétante car je n'ai que quinze minutes pour trouver le bureau de vente des billets, faire la queue, changer le billet et attraper mon train.

À Saint-Brieuc, je saute du train régional en premier, me précipite vers le guichet, où il n'y a que trois ou quatre personnes devant moi dans la queue, qui est elle-même une file organisée, avec un cordon, et non une masse anarchique comme il y a quelques années. Les choses semblent bien se présenter.

Mon tour arrive – j'ai encore dix minutes – et je commence à expliquer mon problème à la dame derrière le comptoir, une jeune femme apparemment bien dans sa peau et peu encline à montrer à ses clients combien le monde est cruel – un soulagement.

« Bonjour, dis-je avec entrain, comme d'habitude.

— Bonjour », répond-elle, sur un ton un peu trop soupçonneux à mon goût.

Tirant la leçon du premier chapitre de ce livre (alors encore non écrit), je m'accable tout seul de l'erreur commise.

« J'ai fait une erreur en réservant mon billet. Celui que j'ai est pour le 10 février, pas le 6 », dis-je en lui remettant le billet.

Elle regarde mon itinéraire (plutôt lentement à mon sens), l'horaire du train régional, celui du TGV, mon numéro de siège et de voiture, et la date erronée.

« Je ne peux pas changer un billet une fois le voyage commencé, répond-elle finalement.

— Mais je n'ai pas entamé le trajet en TGV.

— Oui, mais vous avez composté votre billet. Je ne peux plus le remplacer. »

Je sais que l'instant est critique. La femme a fait une moue de désapprobation, posé le billet devant elle, comme si elle s'en lavait les mains. Si je renonce maintenant et que je reprends mon billet, je suis fichu.

« Oui, je l'ai composté avant de monter dans le train à Lannion, dis-je en poussant d'à peine un millimètre le billet vers elle, car je n'avais pas vu que c'était la mauvaise date. C'est le contrôleur qui l'a remarqué.

— Vous auriez dû vérifier la date en achetant le billet.

— Oui, vous avez raison, mais j'ai supposé que le vendeur m'avait donné le bon jour. J'ignore comment cette erreur a pu avoir lieu. J'ai toujours su que je rentrais le lundi. Peut-être ai-je dit "dix" au lieu de "six"... »

C'est l'impasse. Mais nous venons d'avoir une belle discussion philosophique sur la nature de mon erreur et la façon dont la billetterie des chemins de fer français fonctionne. Plus important encore, j'ai trouvé une réplique – une réponse dénuée d'agressivité – à chacun de ses dires. Clairement, je ne suis pas prêt à abandonner et à m'en aller, ni à proposer d'acheter un nouveau billet.

« Je vais voir ce que je peux faire », dit-elle en partant avec mon billet.

J'ai l'impression d'être un accusé en train d'attendre le verdict des jurés. L'horloge de la SNCF marque une minute de plus, puis deux. Mon TGV est quelque part tout près, en train de se diriger vers nous. Il reste moins de huit minutes. Peut-être n'est-ce qu'une guerre d'usure, me dis-je. Je suis censé paniquer, courir vers le quai, monter dans le train sans billet et payer une amende. Une autre minute passe et la dame revient. Ses lèvres sont toujours serrées, mais elle me regarde dans les yeux, comme les jurés font lorsqu'ils vont vous déclarer non coupable. Je suis envahi par une vague de joie. En fin de compte, je ne vais pas passer à la guillotine.

« D'accord, je vais le changer, dit-elle. Mais c'est absolument exceptionnel. Ne refaites pas l'erreur.

— Ah, c'est super, merci ! Je ne sais vraiment pas comment cela est arrivé », dis-je.

Lentement, elle écrit quelque chose en rouge sur le billet, expliquant sans doute les raisons pour lesquelles elle a accédé à un tel échange. Une minute de plus passe, mais je me tais. C'est elle qui a les choses en main maintenant, elle sait quand part le train, elle aura fini le travail à temps.

Neuvième commandement

« Donnez-moi votre carte de crédit », me dit-elle alors.

J'hésite une seconde, me demandant ce qu'elle veut.

« Je dois vous créditer de dix euros car le nouveau billet est moins cher, ajoute-t-elle.

— Oh », dis-je.

Je lui remets ma carte de crédit et regarde la guichetière imprimer un nouveau billet Saint-Brieuc-Paris ainsi qu'un bon de remboursement de dix euros.

« Je vous ai remboursé l'intégralité de votre ancien billet et vous en ai délivré un nouveau pour le seul trajet Saint-Brieuc-Paris. C'était le seul moyen de faire, dit-elle. Voilà. »

Elle me donne mon double gain. Mon erreur de bonne foi vient de me rapporter dix euros.

« C'est très gentil, réponds-je. Merci beau cul. »

Je cours attraper mon TGV.

Je me demande pourquoi elle a fait ça pour moi. Nul doute que mon innocence et le fait que je me confonde en excuses ont plaidé en ma faveur. Mon refus tacite d'abandonner et d'accepter mon sort a aussi été un facteur déterminant.

Mais en plus de cela, je suis convaincu que cette femme a pris plaisir à savoir qu'elle tenait mon destin entre ses mains. De sa décision dépendaient mon voyage et mon humeur. Elle avait le pouvoir de rendre ma journée bonne ou mauvaise. Et comme la plupart des guichetiers français à qui j'ai eu affaire, elle a usé de ce pouvoir avec bienveillance. Ils ne saisissent vraiment l'occasion de vous embêter que lorsque votre tête ne leur revient pas. Il vaut donc mieux éviter de leur en donner l'idée. Mieux vaut jouer l'innocent perdu, demeurer poli et s'excuser, car ils vous prendront en pitié. Dites-leur, au contraire, que leur système est absurde et ils en mobiliseront toute l'absurde puissance contre vous.

Tout comme à la cave de Pommery, la chose vitale est de ne pas s'irriter du « non » initial, une prouesse qui devient presque impossible quand on atteint le...

Niveau 3
ESSAYER DE RENDRE FOU LE CLIENT

Les exemples les plus fréquents de ce niveau se déroulent lorsque deux personnes ou plus procurent un service en même temps, dans un office de tourisme, une banque, une agence de location de voitures ou un magasin.

Sans le faire exprès, un client crée un problème. Par exemple, quelqu'un veut faire une opération inhabituelle à la banque. Environ trois secondes après que le problème a été soulevé, tous les guichetiers arrêtent de servir leurs clients et se rassemblent derrière le guichet où le nœud de cette transaction paranormale s'est noué.

Dans le passé, j'ai perdu de nombreuses fois à ce jeu et presque toujours parce que je montais au créneau trop tôt ou calculais mal la façon de poser

Neuvième commandement

l'obligation morale. Le pire cas dont j'ai eu à souffrir a été quand mon téléphone portable ne se rechargeait plus et que je l'ai apporté au magasin du quartier pour savoir ce qui n'allait pas.

Il y a ce jour-là trois vendeurs au travail et pas de système clair de file d'attente. C'est au premier venu, premier servi, du moins si on sait défendre sa place. Les trois vendeurs sont occupés et il y a une personne avant moi. Une des vendeuses m'énerve passablement à discuter de l'écharpe de sa cliente – « Elle est belle, où l'avez-vous eue ? – C'est une amie qui l'a faite. – Ah bon ? Est-ce qu'elle les vend ? – Non, mais elle devrait, n'est-ce pas ? – Oui, et si elle se décide à le faire, faites-le-moi savoir, d'accord ? »

Aarrrrgh.

Inutile de déclencher les hostilités en demandant si l'écharpe d'une cliente est plus importante pour un magasin de téléphones que le téléphone d'un autre client. Pour être franc, j'ai un peu peur de la réponse que je recevrais. Quoi qu'il en soit, quelques minutes plus tard, deux des vendeurs, dont l'acheteuse potentielle d'écharpes, se trouvent libres comme par miracle au même moment. L'un s'adresse à la personne devant moi, qui dit souhaiter prendre un nouvel abonnement. L'autre, la femme à l'écharpe, se tourne à moitié vers moi, avec le sourire programmé de la serveuse. Mais, simultanément, elle jette un regard par-dessus l'homme qui veut un abonnement et, alors que je m'avance avec mon téléphone pointé en avant, elle se détourne brusquement de moi et rejoint deux hommes devant un ordinateur. Je n'arrive pas à y croire. C'est comme si je n'existais pas.

Pendant quelques secondes, je reste là, debout, à les regarder tous les trois penchés sur l'écran comme si les résultats du Loto du lendemain y défilaient. Si l'histoire de l'écharpe ne m'avait pas déjà excédé, j'aurais peut-être attendu quelques minutes de plus pour évaluer la situation. Mais là, je laisse exploser ma colère.

« Pardon de vous interrompre, dis-je avec autant de fausse politesse que possible, mais est-il vraiment nécessaire que vous soyez deux pour vous occuper de la même personne ?

— Oui, ça l'est, me répond sèchement la femme à l'écharpe. Mon collègue est stagiaire et il a besoin d'aide sur de nouveaux contrats.

— Ah, désolé », dis-je en pensant : « Et merde, me voilà dans la mouise. »

En un sens, ce n'est pas ma faute. Une bonne vendeuse m'aurait dit qu'elle serait à moi immédiatement après avoir aidé le stagiaire. Mais cela n'a désormais plus aucune importance. Je sais que je viens de perdre encore plus de temps. Les trois vendeurs ont entendu l'altercation et aucun ne va se précipiter pour me servir. Il se trouve que le client souhaitant ouvrir un compte porte une écharpe apparemment faite main. La femme va sans doute lui demander de lui en dessiner le patron…

Neuvième commandement

Dix bonnes minutes plus tard, Mme Écharpe quitte péniblement le stagiaire pour venir me servir avec une égale réticence. J'explique mon problème. Elle saisit le téléphone, le teste, me dit que mon chargeur est probablement défectueux, et m'en présente un neuf.

« Vingt-huit euros, s'il vous plaît. »

Je suis en train de payer quand je regarde la fiche femelle de rechargement de mon téléphone et remarque quelque chose que je n'avais pas vu auparavant.

« Est-ce que c'est normal ce petit truc brillant ?

— Oui », dit-elle en me rendant ma monnaie et en me souhaitant une bonne journée sur un ton grincheux, avant de se tourner vers le client-porteur-de-foulard-soyeux le plus proche.

De retour à la maison, au lieu de retirer le chargeur de son emballage, je prends une pince à épiler, l'insère dans la fiche de chargement de mon téléphone et en retire un petit morceau d'aluminium. Je branche le téléphone sur mon vieux chargeur. Il se met en charge immédiatement. « Oh ! triple merde », me dis-je. Si je n'avais pas fait une scène au magasin, je pourrais y retourner, jouer l'imbécile innocent et me faire rembourser. Mais maintenant, je suis farci. On va me dire : « Eh bien désolé, ce n'est pas notre problème, vous auriez dû vérifier, etc. »

Aujourd'hui encore, j'ai ce chargeur chez moi dans son emballage et j'attends patiemment que quelqu'un me dise qu'il a besoin d'un chargeur Sagem pour son anniversaire. Je ne veux pas dire que le service en France est toujours mauvais. Juste que cela demande souvent un effort pour en avoir un bon. C'est aussi ce qui le rend si gratifiant car on y découvre alors de très bons professionnels. Les magasins français peuvent en effet être des temples du service. La France est encore un pays de petits commerçants. On peut y acheter ses olives fourrées, son parfum, son poisson ou sa lingerie chez un détaillant. Un jour, j'ai dîné au restaurant *Jules Verne*, en haut de la tour Eiffel. Là, les serveurs ne m'obligent pas à passer la moitié de mon repas à fixer la porte de la cuisine pour y saisir un signe de vie ! Le service est prompt et poli. Le serveur connaît le nom de pratiquement chaque vache, brebis ou chèvre à l'origine des fromages sur le chariot. C'est la classe pure. On a l'impression de jouer contre un champion et d'être pris pour son égal. En somme, le vrai service à la française.

Il existe un dicton local : « Le client est roi. » C'est un non-sens. En réalité, vous, client, êtes au mieux un égal. Si vous avez envie de prendre les choses de haut et que vous tenez à être le roi, souvenez-vous juste de ce que la France a fait de sa famille royale.

Mots magiques

Même si on adopte la bonne attitude, on a besoin d'utiliser les bons termes pour faire passer le service dans un café français d'une corvée à un plaisir. Voici quelques mots proscrits ou magiques.

GARÇON !

À oublier. Personne ne crie « Garçon ! » dans un café français. À moins, bien sûr, de ne pas vouloir être servi. Pour saisir l'attention d'un serveur ou d'une serveuse, lever un bras et juste dire « S'il vous plaît », ou attraper son regard et dire « Bonjour » ou « Bonsoir », façon codée de dire « Bonjour, je suis désolé d'interrompre votre conversation téléphonique/résultats des courses/vernissage d'ongles/pause-cigarette/papotage avec votre ami, mais je souhaiterais être servi si cela ne pose pas trop de problème ».

EXPRESS

Si on veut un expresso, c'est ce qu'il faut dire. On peut demander un café noir, ou juste un petit café. Mais les serveurs l'appellent un express. Utilisez ce mot et ils se diront : « Ah ah, celui-là a déjà mis les pieds dans un café. Inutile de l'arnaquer. »

ALLONGÉ

Café allongé est le nom donné par les serveurs à un café avec un peu d'eau en plus. C'est moins fort qu'un expresso mais sans être la pisse de bison du café américain.

CRÈME

Café au lait, dans le jargon des serveurs. J'entends trop souvent des touristes anglophones demander

« un café olé si voo play » et je sais qu'ils vont avoir un gros bol de soupe beige qui leur coûtera la peau des fesses.

THÉ AU LAIT

Si on veut une boisson qui se rapproche du thé à l'anglaise, il faut penser à demander un thé au lait. Sinon, on aura sans doute une petite théière remplie d'eau chaude, avec le sachet de thé encore emballé, posé sur la soucoupe. En demandant un thé au lait, on obtient en plus un minuscule pot de lait. Dans tous les cas, à moins d'être dans un café qui offre du Earl Grey ou du Darjeeling, le breuvage chaud qui est servi fait penser à la description d'une boisson conçue par ordinateur dans le *Guide galactique de l'autostoppeur*, de Douglas Adams : « Presque mais pas tout à fait complètement différent du thé. »

DEMI

Commander une bière est aussi délicat qu'obtenir un café ou un thé. La mesure standard, en France, est le demi. Il ne s'agit pas d'un demi-litre (allons, vous ne pensez tout de même pas que les Français rendraient les choses si simples). C'est 25 centilitres, environ une demi-pinte. Servir une bière est la façon préférée des serveurs d'arnaquer le touriste. L'été, les Champs-Élysées sont remplis de visiteurs étrangers essayant tristement de finir un pichet de deux litres de bière blonde qu'on leur a apporté après qu'ils ont demandé sans réfléchir « oun beer si voo play ». Certains serveurs sont si déterminés à gagner un euro ou deux de plus que, même si vous demandez un demi, ils essaient de demander « Petit, moyen ou grand ? » La réponse adéquate est un regard perplexe, accompagné d'une phrase assassine : « Un demi est un demi, non ? »

PRESSION

Si on maîtrise l'affaire du demi, le serveur peut encore tenter de vous avoir en débitant le nom de différentes bières à l'allure d'un Thierry Henry. Si on se trompe, on se retrouve avec une bière hors de prix. Tout en disant « un demi pression », on peut rapidement jeter un œil sur les tireuses au bar et lire ou pointer du doigt la bière qu'on veut.

QUART

On peut presque toujours avoir un pichet de vin plutôt qu'une bouteille, plus chère, ou une demi-bouteille. Sur le menu, les pichets sont souvent indiqués d'un « 25 cl » ou « 50 cl ». On peut donner l'impression d'être très au fait des techniques de survie au restaurant en demandant « un quart de rouge » ou « un pichet de cinquante de rouge ». Se souvenir qu'une bouteille (75 cl), c'est six verres. Donc un quart, c'est deux verres, et 50 cl, quatre.

CARAFE

Seuls les restaurants les plus huppés refuseront de vous servir de l'eau du robinet. Mais pour en avoir, il faut demander « une carafe d'eau ». Sinon, on se retrouve avec une bouteille d'Évian, de San Pellegrino ou de Badoit, ce qui n'est pas désagréable mais plus cher.

MARCEL MARCEAU

Les Français ont oublié depuis longtemps qui est Marcel Marceau, mais son héritage est encore présent. Quand on veut payer, inutile de faire venir le serveur ou la serveuse à votre table. Il suffit d'attraper son regard et de mimer le fait d'écrire quelque chose sur un carnet virtuel tout en articulant silencieusement « l'ad-di-tion ». Cela signifie : je souhaite payer. On peut aussi brandir sa carte de crédit avec un air décidé. Cela devrait faire venir le serveur avec sa « gameboy », le lecteur de cartes bancaires. Le serveur discret regarde ailleurs pendant que vous tapez.

Neuvième commandement

Quelques phrases à connaître pour éviter d'énerver un serveur français

(et savoir ce qu'il veut vraiment vous dire)

Vous avez fait votre choix ?
(Cela fait suffisamment longtemps que vous lisez le menu et nous sommes dans un restaurant, pas une salle d'attente de dentiste.)

....

Ça a été ? ou Ça s'est bien passé ?
(N'oubliez pas le pourboire !)

....

Je peux vous encaisser ?
(J'ai terminé mon service, alors dépêchez-vous et n'oubliez pas de me dire de garder la monnaie car je ne repasserai pas à votre table récupérer tout pourboire que vous auriez laissé.)

....

Le service est compris.
(Bon d'accord, il y a 15 % de service compris dans le prix mais je m'attends malgré tout à un pourboire, sinon ce n'est pas la peine de revenir.)

Un peu d'entraînement pratique à la « French attitude » en matière de service

Lire les petits dialogues suivants et choisir quelle conduite il faudrait adopter pour être bien servi en France.

DIALOGUE 1

Client : Bonjour, puis-je (*faire une demande de service administratif légèrement difficile*) ici ?
Fournisseur de service français : Non, ce n'est pas possible.
Client : Ah, au revoir.

DIALOGUE 2

Client : Bonjour, puis-je (*faire une demande, etc.*) ici ?
Fournisseur de service français : Non, ce n'est pas possible.
Client : Mais pourtant (donner le nom d'un concurrent) le fait.
Fournisseur de service français : Eh bien, allez donc le voir. Au revoir.

DIALOGUE 3

Client : Bonjour, puis-je (*faire une demande, etc.*) ici ?
Fournisseur de service français : Non, ce n'est pas possible.
Client : Mais c'est absurde. On ne fait pas les choses ainsi en(donner le nom de votre pays).
Fournisseur de service français : Eh bien, je ne peux que vous suggérer d'y retourner. Bon voyage.

DIALOGUE 4

Client : Bonjour, puis-je (*faire une demande, etc.*) ici ?
Fournisseur de service français : Non, ce n'est pas possible.

Neuvième commandement

Client : Mais c'est absurde. Pourquoi ne pas (*donner une façon parfaitement logique et simple de changer le système afin qu'il soit possible de faire ce que vous demandez*) ?
Fournisseur de service français : Je n'y suis pour rien. Ce n'est pas moi qui ai inventé le système. Au revoir.

DIALOGUE 5

Client : Bonjour, puis-je (*faire une demande, etc.*) ici ?
Fournisseur de service français : Non, ce n'est pas possible.
Client : Ah… (*adopter un regard désespéré*). J'espérais vraiment que vous pourriez le faire (*adopter un regard un peu plus philosophe mais néanmoins toujours marqué par le désespoir*).
Je ne sais pas où aller pour y parvenir.
Fournisseur de service français : Avez-vous essayé (*nom du concurrent ou d'une autre section*) ?
Client : Oui, ils m'ont conseillé de venir vous voir.
Fournisseur de service français : Ah…
(*Laisser passer quelques instants de méditation silencieuse durant lesquels vous ne bougez pas d'un pouce du comptoir.*)
Client : Je ne sais pas trop quoi faire. Pourriez-vous m'aider ?
Fournisseur de service français : Eh bien, je ne suis pas censé faire ça, mais…
(*Le fournisseur de service fait exactement ce que vous vouliez qu'il fasse, mais en ayant l'impression que c'est lui qui l'a décidé plutôt qu'en admettant que c'est son travail de vous servir et qu'il était donc obligé de le faire.*)

Vous avez choisi l'un des dialogues de 1 à 4 ? Vous auriez intérêt à relire ce chapitre.
Il est vrai que le dialogue 5 est écourté et peut nécessiter un peu plus de persévérance. Mais tant qu'on ne montre aucun signe de faiblesse ou d'irritation, on devrait obtenir le service demandé.
Bonne chance !

Quelques petites choses à savoir dire si on ne parle pas français et qu'on espère malgré tout être bien servi

Désolé, je ne parle pas français.
(C'est beaucoup mieux que de demander « Parlez-vous anglais ? », ce qui peut contraindre le fournisseur de service français à admettre que non, il ne parle pas anglais, en lui donnant l'impression de ne pas être à la hauteur ou en stimulant son sentiment national, ou les deux. Il est garanti que vous serez servi de la pire façon.)

Vous parlez très bien anglais.
(Même s'il/elle ne sait pas parler anglais, dites-lui qu'il/elle sait. Ils se sentiront fiers d'eux et, en conséquence, vous serviront mieux. À moins, évidemment, que son anglais soit si épouvantable qu'il/elle pense que vous vous payez sa tête. À y réfléchir donc, n'avoir recours à cette phrase qu'avec discernement. Dans des circonstances extrêmes, un admiratif « Ah ! Vous parlez anglais ! » peut être une louange suffisante.)

Nous, les Anglo-Saxons, nous sommes nuls en langues.
(Cet aveu d'ignorance devrait passer tellement bien que le Français dira non, nous Français sommes bien pires, et il vous servira merveilleusement par pur sentiment de culpabilité linguistique.)

Je ne comprends pas comment c'est arrivé, mais…
(Si on admet son ignorance, ils savent qu'on ne va pas les accuser d'incompétence, donc on part sur de bonnes bases. La France est le pays qui a inventé le concept des droits de l'homme. Un aveu de vulnérabilité les fait tous craquer.)

J'ai un petit problème.
(S'ils savent que ce n'est pas un gros problème et que ce n'est donc pas susceptible de déborder sur leur pause-déjeuner, ils auront davantage tendance à vous aider.)

Pouvez-vous m'aider ?
(Remettez-vous-en à leur bon vouloir. Les Français aiment inventer des façons d'aider les gens, surtout si cela leur donne l'occasion de tordre les règles et d'embêter leur patron.)

« Mains au-dessus de la taille, Marcel, s'il vous plaît. »
Jean-Philippe (à droite) donne des leçons de bienséance
aux nouveaux résidants du Quartier latin, à Paris.

10ᴇ COMMANDEMENT

Tu seras poli

Tu seras poli

Les Français ont le génie de savoir être simultanément polis et offensants. On n'a pas été remis à sa place tant qu'on ne l'a pas été par un Français. Ils le font avec un parfait aplomb, et peuvent vous souhaiter une bonne journée, vous traiter d'imbécile et vous envoyer paître dans une fange verbale avant même que vous ayez ouvert la bouche pour répondre.

Un jour, j'étais en train de faire la queue devant un célèbre restaurant qui ne prend pas de réservations car il n'en a pas besoin. Un expatrié américain à l'allure chic, avec le visage arrogant de celui qui semble dire « Oui, je vis ici », se faufile vers le devant de la file d'attente et informe doucement le maître d'hôtel qu'il a réservé une table pour deux. « Réservé une table, monsieur ? lui répond le maître d'hôtel de manière que toute la file l'entende. Mais nous ne prenons aucune réservation. Monsieur est-il sûr de ne pas avoir appelé par erreur le McDonald's du coin de la rue ? » Et d'éclater de rire. Il vient sans doute de perdre un client pour toujours mais il n'a pu résister à la tentation de remettre ce prétentieux à sa place.

Les Français affirment peut-être vivre dans une république sans discriminations, mais ils sont très prompts à maintenir chacun où il doit être. La politesse, combinée à une extrême rudesse, est le meilleur moyen d'y parvenir.

Pourtant, avant de se faire insulter, on ne sent rien d'autre que des manières impeccables. À une époque où les anglophones se présentent tous l'un à l'autre par le prénom, les Français continuent à se dire « monsieur » ou « madame ». Par exemple, une façon d'attirer l'attention d'un serveur ou d'un vendeur un peu fuyant est d'appeler « Monsieur ! » Eh oui, le client doit dire « monsieur » pour être servi, ce qui ne laisse pas de stupéfier les Anglo-Saxons. Quand un Français commence à user de la politesse, le monde peut en être tout retourné.

Une mauvaise entrée en matière (grasse)

Un samedi matin, chez un fromager un peu cossu près de chez moi à Paris, je vois une femme se faire rembarrer avec sadisme par un homme en salopette blanche. La patronne s'occupe de moi qui suis en train de reluquer quelques petits fromages de chèvre en devanture – une sélection de noix rondes d'un fromage frais et blanc saupoudré de poivre noir, incrusté de raisins de Smyrne ou recouvert de fines herbes. La méchanceté de l'estocade est assez choquante pour me faire sortir de mon extase.

La victime, une femme d'une quarantaine d'années, était entrée avec empressement dans le magasin, fouillant déjà dans son sac à main à la recherche de son porte-monnaie. Elle devait sans doute être pressée de rentrer à la maison pour faire déjeuner ses enfants.

« Un litre de lait frais demi écrémé, s'il vous plaît », dit-elle.

Le propriétaire de l'échoppe échange alors un regard avec sa femme, qui hausse les sourcils pour lui dire qu'elle n'en pense pas moins.

« Bonjour, dit le patron à la cliente.

— Un litre de lait frais demi écrémé, s'il vous plaît, répète celle-ci en sortant du liquide.

— Bonjour ! répète le propriétaire, sur un ton un peu plus élevé.

— Je voudrais juste un litre de lait, reprend-elle, en changeant de tactique mais en ne saisissant toujours pas pleinement le problème.

— Vous ne dites jamais bonjour aux gens, madame ? » lui demande alors le fromager.

En clair : je ne suis pas un serviteur, je suis un noble fournisseur de produits fins, j'ai une maison de campagne et une femme de ménage qui repasse mes tabliers, et vous n'aurez pas votre bouteille de lait à la noix tant que vous n'aurez pas dit bonjour.

« Oh, pardon, oui, bien sûr, bonjour », dit la dame en rougissant et en s'excusant.

Elle fixe du regard le fromager, dans l'expectative. Elle est toujours pressée et espère encore acheter son lait et rentrer chez elle avant la fin du week-end.

« Bonjour, madame, que désirez-vous ? » reprend le fromager.

La cliente doit répéter sa commande d'une bouteille de lait, puis attendre que le commerçant compte la monnaie et mette la bouteille en plastique dans un sac, « car nous aimons traiter nos clients correctement ». Il ne voit aucune contradiction entre ce qu'il fait et ce qu'il dit.

Finalement, la dame quitte le magasin sur un « au revoir » sonore du mari et de sa femme, qui résonne dans ses oreilles rouges de honte.

J'aurais vraiment dû m'en aller mais on m'avait envoyé en dernière minute acheter du fromage pour des invités à midi. J'ai donc docilement fait ma sélection et payé, avant de poliment leur souhaiter une bonne journée.

La moue qui donne du mou

Les Français sont experts à jouer des coudes. Parfois, en marchant sur le trottoir ou en essayant de faire ses achats dans un supermarché bondé, on peut croire qu'ils ont tous été éduqués à l'école du football américain. Ils sont cependant les seuls au monde à être capables de vous écarter du chemin sans cérémonie tout en conservant les bonnes manières. Cela grâce à un mot – « pardon » – que l'on achève systématiquement de prononcer par une moue et qui est dit *avant* de pousser la personne.

Embrasser ou ne pas embrasser ?

L'éventail des mots et gestes de politesse en français est immense. Dans la société parisienne où je travaillais, le trajet vers la machine à café au rez-de-chaussée était plus compliqué sur le plan social que de prendre un thé avec un samouraï.

Quand on rencontre une personne dans un couloir ou un ascenseur, il faut d'abord savoir si on l'a déjà rencontrée ou non. Dans la négative, on dit « bonjour » de toute façon car la France est un pays poli. Si ce n'est pas une première rencontre, il s'agit soit d'une connaissance à qui l'on dit « bonjour » (c'est-à-dire quelqu'un que l'on connaît mais pas très bien), soit de quelqu'un avec qui l'on est plus familier et à qui l'on dit « salut[1] ».

Dans les deux cas de figure, les hommes doivent se serrer la main. Pour les femmes, c'est plus compliqué (comme souvent en France). Se faire la bise

---

1. « Salut » est un mot merveilleux car il peut aussi être utilisé pour dire au revoir. Il doit cependant être prononcé avec précaution par les anglophones de façon à ne pas le confondre avec « salaud ».

peut être nécessaire ou pas. Une femme à qui l'on dit « salut » s'attend toujours à ce qu'on lui fasse la bise. Une femme à qui l'on dit « bonjour », peut-être pas. Mais elle ne s'attend pas forcément non plus à ce qu'on lui serre la main. Serrer la main d'une femme qu'on connaît peut faire un peu macho. Par exemple, je croisais souvent mon supérieur immédiat, une femme, accompagnée d'un ou de ses deux directeurs, des hommes. Je serrais la main des deux hommes en disant « salut Jacques » à l'un (parce qu'il était du genre directeur décontracté) et « bonjour monsieur » à l'autre (que je connaissais moins). Je disais « salut » à ma patronne mais je ne lui serrais pas la main car je la connaissais trop pour cela, sans la connaître assez pour lui faire la bise.

Du coup, il était parfois plus facile de s'engouffrer dans le bureau le plus proche, de serrer la main de son occupant perplexe, et d'attendre que les directeurs et la patronne soient passés.

L'essentiel de ce qui est décrit ci-dessus s'applique quand on tombe dans la rue sur son voisin ou une autre accointance. Il faut mettre chaque personne dans une catégorie : serrement de main, bise, bonjour ou rien. Si on a un rendez-vous avec quelqu'un – un banquier, un agent immobilier, voire un médecin –, il est poli de serrer la main. Si votre agent immobilier se met à vous faire la bise, vous savez que vous avez un problème.

Quand on rencontre quelqu'un pour la première fois, la bonne nouvelle est que les Français disent vraiment « enchanté ». Il y a une sensation délicieusement vieux jeu à dire que vous êtes enchanté de rencontrer quelqu'un, surtout si vous l'êtes réellement. Regarder une personne dans les yeux et lui dire qu'elle vous enchante est tellement plus excitant qu'un rapide « *Hi, how you doing* ? » (Salut, ça va ?) Et le faire alors que vous n'êtes pas enchanté est un délice d'hypocrisie. On est donc toujours gagnant.

La grande question quand on rencontre une femme pour la première fois est : bise ou pas bise ? Certains hommes s'en sortent lâchement en ne faisant la bise qu'aux femmes qui leur plaisent ou à celles qu'ils doivent embrasser au risque d'en contrarier une autre (par exemple, la meilleure amie de votre fiancée). La règle générale pour un homme qui rencontre une femme, ou une femme qui rencontre quiconque, est la suivante : si la personne est l'amie d'un ami, parente d'un ami, est âgée de moins de trente ans, qu'on la rencontre à une fête ordinaire et qu'elle est quelqu'un que vous pourriez avoir envie d'embrasser davantage un peu plus tard, ou encore si cette personne donne simplement l'impression qu'elle s'attend à ce qu'on l'embrasse, on doit faire la bise, sinon elle vous prendra pour un Anglo-Saxon froid et hostile.

Si on pense avoir fait le mauvais choix et raté l'occasion de faire la bise, on peut toujours se rattraper en la faisant en partant, ce qui est une façon amicale de dire que l'on se connaît mieux désormais et que l'on peut être poliment « physique ».

Dixième commandement

Qu'est-ce que je fais avec mes lèvres ?

Si on veut vraiment embrasser, cela ne se fait pas sans une technique spécifique.

À Paris, faire la bise implique deux « moua » avec peu ou pas de contact lèvres-joue mais un son clair des lèvres. Joue gauche d'abord, puis la droite (mais attention : c'est droite puis gauche au sud de la Loire)[1].

L'absence de contact des lèvres est importante, à moins que vous ne soyez des proches. Une personne que vous ne connaissez pas bien peut penser que votre relation ne va pas jusqu'à se barbouiller le visage de vos liquides organiques – tout le contraire du « French kiss », en somme.

Même les adolescents parviennent à se contrôler sur ce point. Les garçons vont frôler la joue des filles comme pour nier complètement la présence de toute hormone dans leurs veines. Ces mêmes ados se serrent souvent la main, comme les vieux, sauf s'ils veulent être cool et s'adonner aux tapes dans la main ou au salut poing-contre-poing des rappeurs (la plupart des garçons en France aiment croire qu'ils sont nés dans le Bronx).

Les hommes se font assez rarement la bise, à part dans les milieux gay, les réunions de famille et les

---

1. Si les deux personnes portent des lunettes, il est poli pour l'homme d'ôter les siennes afin d'éviter un embarrassant choc de montures.

soirées d'artistes. Pour un homme, l'un des risques quand il est reçu en tant que membre d'une famille française est de devoir se frotter la joue avec les autres mâles du clan. Si vous en êtes à ce stade, il faut espérer qu'il n'y ait pas trop d'hommes mal rasés dans la famille. Depuis que je vis en France, j'ai conçu une grande admiration pour ces femmes qui doivent supporter quotidiennement et toute leur vie ce frottement poilu.

En dehors de Paris, le rituel de la bise peut varier. « En province », comme disent les Parisiens avec condescendance de tout lieu se situant à plus de cinq kilomètres de la tour Eiffel, les gens se font souvent trois ou quatre bises. Les Parisiens disent que c'est parce que leur vie est tellement ennuyeuse qu'il leur faut trouver des moyens de la remplir.

Conclusion : imaginez, si vous le pouvez, la scène suivante. Il est 11 heures du matin dans un immeuble de bureaux de la zone à quatre bises. Deux groupes de trois employées se rencontrent dans le couloir en allant à la machine à café. Quand elles ont fini de s'embrasser, c'est l'heure d'aller déjeuner.

Ce qui m'amène à la complication suivante...

Bon bonnes

Même une fois réglée la question des bises et du serrement de mains, on n'est aucunement sorti de l'auberge. En partant, il ne faut pas croire qu'on s'en sorte avec un simple « au revoir ». Ce serait beaucoup trop facile. Si on connaît bien les gens et qu'ils ont, disons, moins de la cinquantaine, on peut dire « salut » à la fois pour bonjour et pour au revoir. Mais ce n'est pas tout ; il faut aussi se souvenir de quelle heure il est. Car en disant au revoir, il faut souhaiter un bon quelque chose en fonction du moment de la journée. En début de journée, on peut souhaiter « bonne journée », ou « bonne matinée ». Plus tard dans la matinée, « bonne journée » sera encore valable, mais « bonne fin de matinée » est une option. Si on est juste avant le déjeuner, alors, bien sûr, « bon appétit » est obligatoire.

Après le déjeuner, tout le monde a droit à un « bon après-midi ». Plus tard dans l'après-midi, à l'heure floue de la nuit tombante, il faut commencer à dire « bonsoir » au lieu de « bonjour », et se quitter en disant « bonne fin d'après-midi » ou « bonne fin de journée ». Et si vous êtes au travail et qu'il est l'heure de rentrer chez soi, un « bonne soirée » sera apprécié.

Mais en dehors du bureau, le jeu de la politesse est encore plus raffiné.

Aujourd'hui, dans certains cafés, le personnel se fend d'un « bonne dégustation ». Et il est courant de souhaiter du bonheur à quelqu'un, quelle que soit son activité. Cela va de « bon ski » à « bon film » ou « bonne promenade » en passant par des choses ridicules comme « bon coiffeur ». L'un de mes préférés est « bonne continuation », façon formelle de souhaiter bonheur et bonne chance à quelqu'un pour quoi que ce soit qu'il entreprenne après qu'on l'a quitté. Un chauffeur de taxi peut le dire, ou une personne à qui on a parlé dans le bus. J'ai souvent rêvé de tomber accidentellement sur deux personnes en train de faire l'amour, uniquement pour pouvoir refermer discrètement la porte en disant poliment « bonne continuation ».

Quand on sort le soir, tout le côté « cérémonie du thé » de la vie française s'anime à nouveau. Toute personne rencontrée a droit à son « bonsoir » (ou « salut ») et, en partant, à son « bonne soirée ». Quand on dit au revoir après un apéritif, un film, un dîner au restaurant ou tout autre moment qui peut ne pas être encore la fin de la soirée, on se souhaite généralement « bonne fin de soirée ». C'est assez chic de dire cela tard dans la soirée car cela implique que vous et celui à qui on s'adresse êtes des oiseaux de nuit, probablement en partance pour une tardive fête au champagne.

Il est important de garder à l'esprit qu'on se moquera de toute personne qui dit « bonne nuit » avant que l'on soit effectivement en train de se diriger vers sa chambre. Même si après une journée entière à essayer de se souvenir de la façon dont il faut saluer les gens, on peut trouver que l'heure d'aller au lit n'en finit pas de tarder.

Dixième commandement

Sans retard

En France, une femme peut, ou plutôt doit, être en retard à n'importe quel type de rendez-vous, sinon l'homme pensera qu'elle est trop facile. Cela évite aussi l'embarras d'arriver à l'heure et de constater que l'homme est en retard. De nos jours, il est courant que l'homme envoie un texto pour dire qu'il aura quelques minutes de retard. Il n'est pas seulement poli de le faire ; cela permet aussi de savoir exactement à quel point la femme va être en retard.

Dans le travail, être en retard est moins une forme d'impolitesse qu'une façon de montrer combien on sort de l'ordinaire. Lorsqu'on apprend que le mot français pour date limite est « délai[1] », la première réaction d'un anglophone est de rire. Le rire devient jaune, cependant, quand on comprend qu'il s'agit uniquement d'être honnête.

L'ampleur de son retard à une réunion est proportionnelle à l'importance qu'on a. Si on arrive à l'heure, cela veut probablement dire qu'on ne sort pas d'une autre réunion, ce qui signifie que personne ne s'intéresse à ce que vous pensez. En somme, arrivez à l'heure et vous n'existez pas.

Parfois, j'ai l'impression que le droit d'être en retard est aussi proportionnel à la taille de l'agenda qu'on trimballe avec soi. Certains renoncent ainsi

---

1. Le mot *delay*, en anglais, signifie « retard ». (N.d.T.)

aux agendas électroniques au profit d'un épais carnet de rendez-vous, pour montrer que l'électronique ne suffit matériellement pas pour contenir tous leurs engagements.

Bien entendu, il y a des limites au retard. D'après mon expérience, un patron peut se permettre d'arriver avec vingt minutes de retard à une réunion, avec le sourire et en s'excusant avec hypocrisie. Les subalternes – c'est-à-dire le reste du troupeau – doivent être là avec cinq minutes de retard, de préférence munis d'un café afin de s'occuper en attendant que le décideur arrive et d'être sûrs d'avoir suffisamment de caféine dans le sang pour rester éveillés au cours des débats interminables qui vont suivre[1].

En revanche, si on a un rendez-vous avec une personne qui a votre sort entre ses mains – par exemple le médecin, l'avocat, le banquier, l'agent immobilier ou tout fonctionnaire –, il faut être à l'heure. Eux ont le droit d'être en retard car ils sont importants, mais si on ose faire de même, on suggère qu'ils ne le sont pas et votre destin est scellé.

Sanctions épistolaires

Rédiger une correspondance en français vous donne le sentiment d'être transporté dans le temps à la

---

[1]. À propos de ces réunions sans fin, voir le deuxième commandement.

cour de Louis XIV. Pour finir une lettre, en lieu et place d'un court et net *Yours faithfully*, les Français utilisent des formules qui peuvent prendre autant de temps à écrire que la lettre elle-même.

Pour une missive formelle, l'entame peut être très simple : on écrit juste « Monsieur » à un homme et « Madame » à une femme, ou « Madame, Monsieur » quand on n'est pas sûr. Par contre, les salutations finales n'en finissent pas. Même si on a déjà rencontré le destinataire et qu'on l'a nommé au début de la lettre, il faut terminer avec quelque chose comme « Veuillez agréer, Madame, l'expression de mes salutations distinguées » ou « Je vous prie de croire, Madame, Monsieur, à l'assurance de mes sentiments respectueux ».

On peut presque voir l'auteur se courber et racler le parquet pendant qu'il remercie le destinataire de daigner prêter attention à sa misérable cause. A priori, c'est assez ennuyeux d'avoir à écrire ainsi à des services administratifs implacables et à les supplier de s'occuper de votre dossier car le message subliminal semble être que même si votre destinataire ignore votre requête ou continue à vous pourrir la vie, il est certain de bénéficier de l'assurance de vos sentiments respectueux.

Heureusement, c'est en train de devenir très légèrement moins formel. Si on a déjà eu quelques contacts avec la personne, par exemple un agent immobilier avec qui on négocie l'achat d'une maison, on peut terminer la lettre par « Bien à vous » ou, encore moins formel, « Cordialement ».

De toute façon, aujourd'hui, je suis quasiment certain que personne ne lit plus réellement ces longues formules. Si on en a vraiment assez d'une personne qui occupe néanmoins une fonction officielle, il est probablement sans danger d'écrire « Veuillez agréer, Monsieur, l'expression de mes détestations irrespectueuses ». J'ai dit probablement.

Mon nom n'est pas personne

Les Français affirment avoir tué tous leurs aristos, mais ce n'est pas vrai. Les magazines sont encore pleins de photos de gens au teint artificiellement bronzé qui sont baron de ceci ou comtesse de cela et s'attendent à ce qu'on rampe devant eux.

La particule compte encore beaucoup. Regardez juste l'exemple de l'ancien président Giscard d'Estaing. Son père, Edmond Giscard, un fonctionnaire, a acheté en 1922 le droit d'utiliser le titre d'Estaing en affirmant être lié à un amiral de ce nom. Plus de quatre-vingts ans plus tard, comme s'il voulait prouver aux snobs qu'il avait vraiment de la classe, Giscard lui-même a acheté dans l'Aveyron le château d'Estaing, datant du XVe siècle et issu d'un ordre religieux ayant résidé là. Il a annoncé qu'il entendait l'utiliser en partie comme archive familiale. Personne ne pourra désormais dire que sa famille n'était pas de vrais d'Estaing. Le travail de sa vie – justifier son patronyme noble – se trouvait accompli. Et après ça, on dit que les Britanniques sont obsédés par les classes sociales...

Il ne faut cependant pas se laisser tromper par les noms de famille à rallonge. Ceux-ci sont rarement chic sauf s'ils ont une particule. Un double nom est généralement le signe du politiquement correct contemporain, où les femmes mariées conservent leur nom et le collent derrière celui de leur mari. Quand cette pratique s'ajoute à l'amour des Français pour les doubles prénoms, cela peut produire des adresses email ridiculement longues genre marie-bernadette.villepin-dechirac@nommultiple-société.fr. Arrivé à la moitié, on abandonne et on prend son téléphone.

C'est partout la merde

Quand ils ne sont pas excessivement polis, les Français peuvent être étonnamment obscènes.

Les gros mots français surgissent partout dans les médias, l'air de rien. À l'instar des seins des femmes, les jurons sont considérés comme faisant naturellement partie de la vie humaine.

Récemment, dans l'émission d'une radio généraliste à l'heure du petit déjeuner, j'ai entendu un « comédien » français (je mets des guillemets car l'usage de ce mot est souvent assez approximatif) faire un sketch à propos d'un politicien qui avait l'air plus heureux ces temps-ci. Pas à cause d'une meilleure conjoncture économique ou de meilleurs sondages, mais parce qu'il avait trouvé une nouvelle petite amie et qu'il pouvait apprécier un « coup de bite ». L'image des parties intimes d'un homme politique est quelque chose dont, personnellement, je ne souhaite ni rire ni penser à l'heure du petit déjeuner. Pourtant, dans cette émission, les organes génitaux étaient brandis sans fard et au mépris complet de toute décence ou critère de diffusion.

L'usage du mot « merde » n'émeut guère et je n'ai rencontré qu'une seule personne qui ne voulait pas le dire. Il s'agissait d'une journaliste radiophonique qui m'interviewait. Sous le prétexte que son émission était aussi diffusée en Afrique, elle était obligée, m'avait-elle dit, d'utiliser un langage diplomatique « correct ». « En revanche, il n'y a pas de problème si c'est vous qui le dites », avait-elle ajouté. Ce que je m'étais empressé de faire.

Malgré cette absence d'indignation, le français demeure une merveilleuse langue pour jurer. Pas seulement parce que les mots peuvent être très évocateurs (voir ci-dessous) mais encore parce qu'ils semblent être choisis pour le simple plaisir du son qu'ils produisent. Plutôt que d'être crachés rapidement comme les jurons anglais, on peut presque les chanter. Ainsi un échange d'injures peut-il se transformer en une sorte d'opérette.

Con a sa forme féminine régulière, *conne*. Mais on peut le rendre encore plus insultant en y ajoutant le suffixe *asse*, que les Français trouvent délicieusement vulgaire. *Connasse* et le plus encore délectable *pétasse* sont des favoris.

Parmi d'autres insultes qui peuvent être allongées en bouche et, du coup, pleinement goûtées, on trouve l'adaptation masculine de con – *connard* – qui permet au Français de prolonger le plaisir en grommelant le son final grossier, conn-AAAAARRRD.

Enfin, il y a *enculé*, mot qui insinue qu'on est un idiot du fait de s'être, à un moment donné, laissé sodomiser. Bien sûr, tout le monde ne prendra pas cela pour une insulte.

Un bon petit porno des familles

Les Français sont aussi ouverts au porno qu'ils le sont à l'usage de mots pornographiques. L'une des cinq grandes chaînes de télévision hertziennes, Canal +, propose à ses abonnés un porno hard après minuit. La chaîne vient seulement d'introduire un code parental. Jusqu'à récemment, le film porno était simplement brouillé, ce qui ne cachait pas grand-chose de ce qui se faisait sur certains gros plans. Du moins c'est ce qu'on m'a dit.

Ce film est une production française (bien que les actrices viennent souvent de l'Est où les filles en font apparemment plus pour moins cher). La chaîne reçoit donc sans doute des fonds publics pour la diffusion de la culture nationale plutôt que du sexe anglo-saxon. Avant le film, la chaîne présente un programme d'« informations » où l'on fait part des nouvelles sorties et où on montre un « tournage », ce qui est exactement comme un film porno sauf qu'il y a un homme avec une caméra vidéo dans le champ et qu'on voit les filles se nettoyer le visage avec un kleenex à la fin de la scène. Du moins c'est ce qu'on m'a dit.

Le porno soft, quant à lui, est partout. Il est parfaitement acceptable qu'un film familial à heure de grande écoute montre des seins nus, des fesses, et des gens en train de rebondir sur un lit. En France, la vue du téton de Janet Jackson n'a dérangé personne. Sophie Marceau a fait la même chose au Festival de Cannes et nul n'a suggéré d'interdire les diffusions en direct. Les Français voient d'ailleurs encore plus de choses découvertes sur les panneaux d'affichage publicitaire et sur les kiosques à journaux. Les magazines porno y affichent régulièrement des posters, de sorte que la devanture d'un marchand de journaux ressemble à une campagne publicitaire sur le sexe. Une femme faisant la moue, manifestement impatiente de déboutonner avec ses dents le pantalon du photographe, pointe ses seins aux passants de tous âges, son entrejambe écarté et seulement masqué par un titre du genre « je veux plus de sexe ».

Toute cette chair et cette sexualité sont étalées en plein jour et peuvent être admirées par les écoliers quand ils viennent acheter *Le Journal de Mickey*. Je ne sais pas si cela est sain mais c'est là, littéralement en pleine figure, et tout le temps.

On accuse les Britanniques de pruderie, mais là, pour une fois, je trouve que c'est acceptable. Les Anglais à la recherche de femmes qui essayent de lécher leurs propres seins en couverture les trouvent à l'intérieur du magasin, *on the top shelf* (sur l'étagère du haut), et tant mieux. Personnellement, j'ai du mal à digérer mon English breakfast quand, au kiosque, je suis confronté à une Hongroise tatouée qui me propose des ébats bien matinaux.

C'est aux États-Unis que la vraie hypocrisie ressort. Là-bas, pas question de montrer un sein nu sur une couverture grand public ou dans un magazine féminin. En revanche, les armes, pas de problème. Le garçon qui vient acheter son *Mickey* doit passer devant un étalage de magazines lui vantant les bienfaits des fusils militaires et les nouvelles balles capables de percer un gilet pare-balles. Une Américaine qui serait choquée par une couverture de *Marie Claire* montrant un sein trouvera complètement normal le numéro spécial de *Gun Magazine* sur le dernier pistolet pour femmes avec crosse en nacre.

Au moins les Français sont obsédés par le sexe et pas par la violence…

Monsieur Sarko-qui ?

En 2007, l'arrivée d'un nouveau et relativement jeune président à l'Élysée a eu un effet spectaculaire dans le monde anglophone. Pour la première fois depuis Charles de Gaulle, nous les Angliches savions le nom du chef de l'État français.

Jadis, les journaux mentionnaient peut-être les résultats des élections françaises sur une demi-page intérieure, dans la rubrique internationale, entre un coup d'État africain et la découverte d'une nouvelle espèce de chauve-souris en Nouvelle-Guinée.

Mais cette fois-ci, les médias ont montré de l'intérêt, probablement parce que l'équipe de campagne de M. Sarkozy avait fait un énorme effort pour le présenter comme un hybride de Tony Blair et de JFK de façon que le monde anglophone puisse en saisir l'image. Un petit homme sombre dans un costume qui vient en visite à Londres et Washington et hausse souvent les épaules ? Oui, de toute évidence, c'était bien un président français.

L'intérêt des médias a atteint son apogée quand M. Sarkozy a amené sa nouvelle épouse, Carla Bruni, lors d'une visite d'État en Angleterre, en mars 2008. Dès que le public anglais a compris que la grande dame en costume gris n'était pas une hôtesse de l'air mais la première dame de France, ils en sont tombés amoureux. Après avoir fait une révérence toute en modestie devant la reine, elle s'est montrée assez gentille pour rire aux blagues du prince Philip. Il n'en fallait pas plus pour que les Britanniques se pâment d'admiration. Ils avaient soudain découvert une nouvelle Princesse Diana ; Carla, elle, avait ouvert un nouveau marché pour ses disques.

Dixième commandement

Ironiquement, la forte visibilité de Carla a fait passer quelque peu en arrière-plan le président lui-même, notamment quand il a été rapporté, dans la plus grande allégresse, que les Britanniques avaient préparé quelques magnifiques blagues historiques pour leurs visiteurs français...

La reine a invité le couple présidentiel à dîner au château de Windsor et leur a dit d'apporter leurs plus beaux pyjamas car ils étaient invités à y passer la nuit, un hommage dû aux voisins d'outre-Manche.

En route vers le château, M. Sarkozy a été escorté par des soldats des troupes les plus fameuses de la reine, la garde des grenadiers et la cavalerie de la garde royale, en habits de cérémonie. Leurs splendides costumes comprenaient des chapeaux en peau d'ours pour la garde et des cuirasses pour la cavalerie. Un magnifique hommage au président français, n'est-ce pas ? Certes, sauf que les peaux d'ours et les cuirasses font partie de l'uniforme de cérémonie de ces deux régiments depuis que les originaux furent pillés chez les troupes françaises, à Waterloo... Et pour ne rien arranger, le soldat en tête de la procession montait un cheval appelé Azincourt. Aïe !

Plus tard ce jour-là, autour d'une table de cinquante mètres de long qu'il avait fallu deux jours pour préparer, cent soixante invités se sont assis pour un banquet célébrant les relations franco-britanniques. En parfaite diplomatie. Sauf que pour parvenir dans la salle du banquet, la famille royale a accompagné M. et Mme Bruni-Sarkozy à travers une antichambre appelée The Waterloo Room, où ils ont dû s'arrêter pour admirer une gigantesque peinture sur la dernière grande défaite de la France face aux Anglais.

Le dîner lui-même était une blague historique ingénieuse. La nourriture était servie dans un service de porcelaine de Sèvres appartenant à l'origine à Louis XVI et acheté par George III à un prix symbolique lors d'une sorte de vide-grenier royal juste après la Révolution. M. Sarkozy ne le savait pas, mais il mangeait dans une assiette qui aurait clairement dû être propriété de l'Élysée. Au final, la visite présidentielle a été organisée avec un mélange si subtil de politesse et de rebuffade qu'elle aurait presque pu être française.

Il y a pourtant bien eu une source de réconfort pour M. Sarkozy : après avoir passé autant de temps à se faire photographier avec la reine, il a au moins assuré sa place dans la conscience des Anglo-Saxons. Aujourd'hui encore, les journalistes radio et télé parlent beaucoup plus de lui que de ses prédécesseurs. Le public aussi se souvient de lui. On parle du « président français, vous savez ce type qui s'est marié avec Carla Bruni ».

Dixième commandement

Liste d'insultes utiles en français

Con. Insulte à caractère général visant un homme, ce qui est une confusion des genres puisque, au sens littéral, il s'agit de l'organe sexuel d'une femme.
Ne pas tirer pour autant de conclusion hâtive si on vous traite de con. Cela peut être un terme affectif. Si on fait une bonne blague ou quelque chose de farfelu, un Français peut vous dire : « t'es con », ce qui signifie « gros bêta » mais dans un sens positif. Dans le Sud de la France, les conversations sont aussi truffées de *con* et de *putain con* qui ne sont nullement des insultes mais de simples ornements verbaux, comme *d'you know what I mean*.

Conne. Insulte à caractère général visant une femme. Attention : *conne* n'est jamais utilisé affectueusement.
On peut aggraver le *con* et la *conne* en ajoutant *gros* pour un homme ou *grosse* pour une femme.

Salaud. Personne désagréable, méchante ou goujate.

Salopard. Façon plus drôle de dire salaud.

Salope. Salaud au féminin. Peut aussi décrire une femme au comportement sexuel débridé et gourmand (un synonyme est alors aussi *cochonne*).
Pour rendre l'expression encore plus drôle à dire, les Français y ajoutent parfois « espèce de salopard » ou « espèce de salope ». C'est à l'interlocuteur de décider à quelle espèce il peut bien appartenir et à se considérer insulté en conséquence.

Enfoiré. Imbécile. Littéralement, mot ancien signifiant « couvert de merde ».

Tête de nœud. Quelqu'un qui a un pénis à la place de la tête.

Tête de con. Quelqu'un qui a une foufoune à la place de la tête.

Va te faire enculer. Littéralement, va te faire sodomiser, ailleurs.

Va te faire voir. Les Français ajoutent parfois, notamment quand ils plaisantent, « chez les Grecs ». Il s'agit probablement d'une référence politiquement incorrecte aux habitudes sexuelles alléguées de cette nation dans des temps anciens.

Liste de répliques éventuelles aux insultes précédentes

Ta gueule. Ferme ta bouche.

Ta gueule, connard. Ferme ta bouche, imbécile.

Elle t'emmerde, ma gueule. Littéralement :
« Ma bouche te chie dessus. » Réplique à « Ta gueule ».

Casse-toi. Éloigne-toi d'ici rapidement.

Dégage. Éloigne-toi d'ici rapidement aussi.
Réplique à « Casse-toi » si on ne souhaite pas s'éloigner rapidement.

Pour qui il se prend celui-là ? Réplique à « Casse-toi » ou à « Dégage ».

Enfin, si on en a assez d'échanger des insultes, le mieux est de s'en aller, en poussant un soupir philosophe et en disant calmement : « Tu me fais chier. » Dans la mesure où, selon les philosophes existentialistes français, l'ennui est le pire des états d'âme, cela indique qu'on se place au-dessus de ce bas échange d'injures. Quand bien même la vérité est qu'on s'est retrouvé à court d'obscénités.

Les hommes français sont d'incorrigibles romantiques.
« Ma chérie, tu me manques terriblement, j'aimerais tant que tu sois là avec moi à cette conférence. Ton mari aimé. »

11ᴱ COMMANDEMENT

Tu diras « je t'aime »

Tu diras « je t'aime »

Tomber amoureux d'un(e) Français(e) est lourd de risques. Quand je l'ai compris, il était trop tard et je me suis fait plaquer pour ne pas avoir dit « je t'aime » assez souvent.

Les Français le disent beaucoup. Chez eux, ça sort aussi naturellement qu'un paquet de cigarettes de la poche d'un fumeur. C'est comme s'ils se disaient soudain « Tiens, je n'ai rien à faire. Ah ! je sais : je vais dire "je t'aime" ». Indéniablement, c'est très plaisant de se l'entendre dire. On apporte une tasse de café à quelqu'un et voilà qu'on vous dit « je t'aime ». Vous vous dites : « Waouh ! qu'est-ce qui se serait passé si j'avais apporté un biscuit avec ? »

Mais au bout d'un moment, cela peut devenir contre-productif. Les Français le disent si souvent, et à des moments si incongrus, qu'on commence à se dire : « D'accord, j'ai compris, tu l'as déjà dit. » Ou pire, on se demande qui ils essaient vraiment de convaincre.

Onzième commandement

On ne peut pas non plus s'économiser soi-même dans son usage du « je t'aime ». Si on essaie de le garder pour les occasions spéciales, on est fichu. Je l'ai appris en me faisant larguer.

« Tu n'es pas assez romantique, m'a-t-elle dit. Tu ne dis jamais que tu m'aimes.

— Mais si, je le dis, ai-je protesté. Je le dis juste moins souvent que toi. C'est-à-dire pas toutes les heures.

— Tu ne m'envoies jamais de fleurs ou tu ne m'appelles jamais pour me dire que tu as organisé une soirée romantique et que le taxi attend en bas de la rue. »

Là je suis resté sans voix. D'une part, les seules fleurs coupées que j'aime sont les tulipes et les tournesols – des fleurs qu'elle trouve vulgaires. Quant au truc du taxi en bas de la rue, c'était une réminiscence de son ex. Ce dernier avait l'habitude de le faire de temps en temps et elle adorait. J'ai bel et bien organisé des dîners romantiques, mais pas assez souvent apparemment. Moi, je lui demandais où elle désirait aller : démocratie et égalité, pensais-je. Froide indifférence d'Anglais, a-t-elle tranché.

« Mon ex était tellement romantique », a-t-elle ajouté, ses yeux se colorant d'une douce et aveugle nostalgie. Quoi ? Celui qui te trompait tout le temps ? Celui qui t'a quittée le jour de ton anniversaire ? Pour une fille avec un père plein aux as ? Romantique ? C'est ça…

Mais inutile d'argumenter. Elle ne se souvenait que des bouquets de fleurs incessants et de ce véritable ouragan de « je t'aime » qu'il lui murmurait à volonté.

Comme tant de choses dans la culture française, l'amour y est davantage une question de style que de contenu. Il y a des fleuristes partout dans les villes françaises, et les maris manquent rarement d'acheter quelques roses pour leur épouse en rentrant à la maison après un petit accès adultérin. Et tandis qu'elle met les boutons en fleur dans un vase, il envoie un texto à sa maîtresse où il lui dit qu'il peut encore sentir ses seins pulpeux contre ses lèvres. Romantiques, les hommes français ? C'est ça.

Se mettre au goût français

Quelle est la meilleure façon de réussir dans les jeux de l'amour ? Pour répondre à cette question, il est crucial de comprendre les rites français de l'accouplement.

Comme dans tous les pays où les personnes des deux sexes sont autorisées à aller à l'école ensemble, les Français font leurs premières expériences entre camarades de classe. Les collèges et lycées servent d'agences matrimoniales ou de laboratoires d'expérimentation hormonale. D'une certaine manière, les lycées sont plus sains sur le plan sexuel que les écoles anglaises, car aucun élève français ne doit porter d'uniforme. Ainsi, les Français ne développent pas le fantasme d'aller voir sous la chasuble. Pour un Français, une fille en uniforme d'écolière ressemble à l'hôtesse de l'air d'une compagnie roumaine low cost[1].

L'université peut être une période plus difficile pour les jeunes Français car pratiquement aucun d'entre eux ne quitte le foyer familial pour aller étudier dans une autre ville. Ils ne connaissent pas le plaisir d'avoir une chambre hors de portée des parents. Seule consolation : les universités françaises sont si souvent en grève que les étudiants ont le temps de batifoler en journée quand les parents sont au travail.

Certains Britanniques pensent que l'absence de *pubs* en France doit rendre encore plus difficile la possibilité pour les gens de se rencontrer. Mais il n'y a vraiment aucune raison de se faire du souci. Il existe plein de boîtes de nuit, de bars et de fêtes. Les rencontres par Internet sont aussi un moyen que les Français maîtrisent parfaitement. Enfin, contrairement à ce qui se fait dans une Amérique complexée et politiquement correcte, hommes et femmes se regardent mutuellement dans la rue et se font savoir quand ils

---

[1]. Bien qu'il y ait sans doute aussi une niche de marché pour les hôtesses de l'air roumaines, comme il y en a pour tous les fantasmes. Par exemple, un ami anglais m'a dit qu'il s'était débarrassé de son stagiaire français après l'avoir surpris en train de consulter un site Internet où on voyait de vieilles femmes nues enchaînées à des arbres.

sont intéressés par ce qu'ils voient. Si un regard et un sourire sont échangés, les hommes français sont experts à aborder une femme pour lui dire qu'elle est belle et qu'elle commettrait l'erreur de sa vie si elle refusait de venir prendre un verre au café du coin.

Le lieu de travail est un autre endroit de prédilection pour rencontrer un partenaire. Les Français jouissent ici d'un avantage majeur sur les pays anglo-saxons. Le harcèlement sexuel est illégal et une main mal placée sur l'anatomie d'une collègue peut conduire à un licenciement ou des poursuites. Mais un simple compliment ne sera pas pris comme une déclaration de guerre des sexes.

Ce compliment ne peut cependant pas être du genre : « Waouh, quelle paire de seins exceptionnelle vous avez là, madame. » On m'a raconté d'affreuses histoires à propos de femmes appréciant sincèrement les compliments mais saisies par l'envie de casser la figure à un homme qui avait franchi les limites. Une amie est ainsi arrivée à une réunion avec deux collègues masculins pour découvrir qu'il n'y avait que deux chaises dans la pièce. « Ce n'est pas grave, tu peux t'asseoir sur mes genoux », lui a dit l'un des deux. « Non merci, je préfère encore m'asseoir par terre », a-t-elle rétorqué. Les Français sont très ouverts sur les questions sexuelles mais ils savent pourtant bien la différence entre la drague et le sexisme idiot.

Des collègues de travail souhaitant savoir s'ils ont davantage en commun que l'amour des chiffres de vente commenceront sans doute par aller déjeuner ensemble, car les Français vont rarement socialiser juste après le travail, à l'heure où, précisément, les Britanniques se débrident et passent des débats aux ébats.

Après deux ou trois déjeuners, on passe à l'invitation à un verre en fin de journée ou à dîner. Cela vient presque toujours de l'homme. La femme attend généralement qu'on le lui propose. Si deux personnes s'entendent bien et que l'homme ne propose pas assez rapidement d'aller plus loin, elle pensera qu'il n'est pas intéressé ou qu'il est bien trop lavette pour elle. Si le verre ou le dîner se passe bien et que l'ambiance est détendue, les deux savent pertinemment qu'il va lui faire des avances.

Si l'homme dit qu'il aimerait préparer pour elle un dîner chez lui, et qu'elle accepte, elle a alors pratiquement déjà dit oui pour passer la nuit avec lui. Si elle se rend chez lui et que l'homme n'a pas fait un pas avant que les dernières miettes du dessert n'aient été sensuellement avalées, elle sera mortellement offensée et refusera probablement toute autre invitation, par principe.

Les Français aiment parler (et s'entendre parler). Le moment des avances ne prendra donc sans doute pas la forme d'un brusque mouvement vers elle sur le canapé. Au cours du dîner ou en prenant un verre dans un bar, l'homme dira à la femme qu'elle est cette rare orchidée qu'il a passé sa vie à chercher dans la jungle de l'amour. Ou qu'une mystérieuse émotion le trouble depuis l'instant où il a posé ses yeux sur elle, le sentiment que sa vie sera une nuit éternelle si elle n'est pas là pour l'illuminer. Ou simplement qu'il ne peut résister à l'envie de l'embrasser. Tout cela revient à dire la même chose : « Je veux faire l'amour avec toi. » Mais tant que l'homme respecte les conventions de la poésie et de la politesse, la femme accueillera l'offre avec plaisir. Bien entendu, elle ne va pas coucher avec lui si elle ne le veut pas, mais elle ne l'accusera pas de se comporter comme un prédateur sexuel profitant d'une femme ayant accepté en toute innocence une invitation à dîner. En France, une invitation à dîner n'est jamais innocente[1].

Le bonheur à côté de chez lui

Dans les jeux de l'amour, au cours des préliminaires (comme dans toute relation ultérieure, du moins en théorie), l'homme doit toujours ouvrir la porte à la femme, l'aider à mettre son manteau et lui dire qu'elle est belle – ce qui est, au demeurant, plein d'agrément. Lorsque j'étais à l'université en Angleterre

---

[1]. Sur un plan purement pratique, une femme acceptant une invitation à dîner peut trouver utile de prendre avec elle une boîte de préservatifs car la plupart des hommes français ignorent leur existence. Elle ne doit pas non plus être dupe quand il prétend souffrir d'une « allergie aux capotes ».

au début des années 1980, j'avais une petite amie qui, lorsque je lui ouvrais la porte, demandait si je croyais qu'elle n'était pas assez forte pour l'ouvrir elle-même. Et quand je lui disais qu'elle était jolie, elle demandait pourquoi je n'avais pas dit qu'elle était intelligente. Les femmes françaises veulent l'égalité dans le travail, mais elles aiment se faire bichonner à l'ancienne par leur homme. Elles sont à la fois féminines et féministes.

Elles arrivent aussi à être sexy sans paraître aguicheuses. Elles montrent rarement leur nombril sauf s'il est parfaitement dessiné. Elles peuvent souvent être très sensuelles et provocantes, mais elles en font un ballet plutôt qu'un strip-tease. Le jeu de la séduction étant réglé et entendu, elles n'ont pas besoin d'être complètement bourrées et de crier dans l'oreille de l'homme : « Tu veux baiser maintenant, oui ou non ? »

Les hommes français sont souvent interloqués, pour dire le moins, par le caractère direct de certaines femmes anglo-saxonnes (pas toutes, bien sûr). Une amie anglaise m'a raconté qu'elle était en train d'embrasser un Français dans un bar quand elle a remarqué qu'il devenait un peu trop vite excité. « Oh non, lui a-t-elle dit en le repoussant, je voulais juste qu'on s'embrasse. »

Voilà quelque chose qu'une femme française ne dira jamais. Si elle décide d'embrasser un homme, elle veut généralement faire aussi beaucoup d'autres choses avec lui.

Tu diras « je t'aime »

Fondamentalement machos, les hommes français ont souvent recours à des techniques classiques pour piéger les femmes. L'une des préférées dans le milieu artistique parisien est le bon vieux truc du « Allons dîner et je te dirai comment je peux t'aider à être publiée/avoir un rôle dans un film/travailler à la télévision, etc. » Les Françaises font semblant de se faire avoir de cette façon mais, le plus souvent, elles y vont en parfaite connaissance de cause. Si l'homme est mignon, se disent-elles, pourquoi ne pas coucher avec lui ? S'il n'est pas beau mais qu'il peut réellement m'obtenir un travail dans une chaîne de télé, pourquoi ne pas coucher avec lui aussi ? Les Françaises savent ce qu'elles veulent et elles savent comment l'obtenir.

Une femme espère naturellement que la galanterie manifestée par l'homme avant qu'ils couchent ensemble continuera après. Le problème est qu'un des mots en français pour dire coucher ensemble est « conclure ». « Tu as conclu ? » demandera le Français à son ami au lendemain d'un rendez-vous galant. Ce qui veut dire : t'as eu ce que tu voulais ? Mais si coucher avec quelqu'un est une conclusion, cela ne présage rien de bon pour l'après... Dans une scène de *Gazon maudit*[1], un film de la comédienne et réalisatrice Josiane Balasko, un mari adultère est assis avec sa maîtresse dans un restaurant quand un

---

1. Le titre n'a rien à voir avec le jardinage, comme ce serait le cas si c'était un film anglais.

homme passe pour vendre des roses. « Non merci, dit l'homme au vendeur de fleurs, on a déjà baisé. » Les femmes françaises sourient de façon plutôt narquoise à cette plaisanterie.

Certains Français, il est vrai, sont des hommes attentionnés, qui savent écouter, ont du style et de l'humour et sont toujours prêts à inviter une femme pour une excellente soirée. Comme dans beaucoup d'autres pays, ces hommes sont homos. Ou alors ce sont des hétéros qui donnent le meilleur d'eux-mêmes parce qu'ils n'ont pas encore décroché la bagatelle.

Tous les autres se rangent en trois catégories : le paisible Latin lover, l'artiste angoissé et le Gérard Depardieu. Tous sont assez machos à leur façon.

Le Latin lover, c'est de la testostérone sur pattes, un séducteur gracieux à qui on pardonnera d'avoir disparu après la première nuit ou d'avoir trompé sa compagne, parce que c'est dans ses gènes.

L'artiste angoissé vit dans de telles hauteurs qu'il est incapable de faire la vaisselle. Cependant, il excellera à emprunter l'argent de la femme pour lui acheter de somptueux cadeaux.

Le Gérard Depardieu, lui, donnera peut-être une claque à la femme mais il l'aimera vraiment (je parle bien entendu des rôles joués par Depardieu, pas de l'homme lui-même).

Le chanteur Serge Gainsbourg paraissait plus ou moins combiner les trois modèles. Même s'il était laid, souvent ivre et puant le tabac, il avait un succès remarquable avec les femmes. On lui attribue la blague suivante : « Si je devais choisir entre une dernière femme et une dernière cigarette, je choisirais la cigarette car on peut la jeter plus facilement. » Les Françaises ne l'en aimaient pas moins.

Mais – et ce mais est crucial – l'homme anglo-saxon en quête d'une partenaire française n'est pas obligé d'adopter ces techniques pour la séduire. Au contraire.

Les Françaises aiment Hugh Grant. Il (ou en tout cas ses personnages de film des années 1990) est charmant, sincère et propre sur lui. En outre, il est légèrement naïf, pas trop sûr de son charme, presque réticent à s'imposer à elles. L'opposé complet du Latin lover, qui semble effectivement de temps en temps taper sur les nerfs des femmes françaises.

Une fois, alors que je participais à un débat radiophonique sur les Anglais et le sexe, l'animateur s'est soudain souvenu du scandale de Hugh Grant avec une prostituée et a commencé à dire combien c'était choquant. J'ai vite compris que ce qu'il trouvait si choquant n'était pas qu'un acteur soit pris dans sa voiture avec le visage d'une fille de joie penchée sur sa braguette, mais que Hugh Grant ait réellement un zizi. Oui, cet archétype de l'Anglais était – horreur ! – capable d'avoir des relations sexuelles.

Cette réputation de l'Anglais à l'étranger n'est pas sans avantages. Une Parisienne m'a raconté un jour se trouver dans une fête quand un cas typique de l'artiste angoissé s'est approché d'elle. Il lui a dit qu'elle devrait venir passer la nuit chez lui. Pas d'obligation, bien entendu, ils pourraient juste regarder les étoiles et parler de sculpture contemporaine.

« Et là je lui ai dit : "Vous me croyez vraiment si naïve ? Il vaut mieux que vous laissiez tomber tout de suite."

— Et s'il avait été anglais ? » lui ai-je demandé.

Elle a hésité un instant, puis a répondu en riant :

« Je l'aurais probablement cru !

— Eh bien justement, j'ai une très belle vue sur la Grande Ourse depuis chez moi », ai-je ajouté nonchalamment.

Salade mixte

Une aventure franco-anglaise est une expérience culturo-touristique pratiquement obligatoire pour toute personne vivant en France. De plus, si on joue fin, emménager avec une locale peut résoudre toutes sortes de problèmes de logement. Quelle meilleure façon de trouver un appartement que d'habiter chez son nouvel amour ?

Cela dit, tout cynisme et problème de logement mis à part, une relation mixte de longue durée a des atouts et des inconvénients majeurs.

Le principal avantage, m'a-t-il toujours semblé, est que l'on peut mettre n'importe quelle gaffe sur le dos de la langue. « Non, chéri(e), tu ne m'as pas compris(e) », peut-on dire à sa moitié française lorsque celle-ci fond en larmes ou pique une colère à cause d'un petit truc stupide que vous avez dit. On a alors quelques minutes pour faire marche arrière et penser à la façon de formuler exactement le contraire en charabia français ou en anglais élémentaire. De la même manière, si on vous crie dessus dans une langue étrangère, il est relativement facile de se mettre en sourdine et de continuer à lire son livre ou à regarder le match de football.

Ces mécanismes d'échappatoire appliqués aux conflits conjugaux sont d'excellents outils pour mettre un peu d'harmonie dans une relation par ailleurs orageuse. Et étant donné leur goût national pour la discussion et le psychodrame, les Gaulois peuvent être très bons pour les éclats.

Le revers d'une relation mixte est qu'elle peut exiger énormément d'attention. S'adapter à une autre culture en parlant la langue et en conduisant du bon côté est une chose. Mais quand cette adaptation touche la façon de manger et de boire, ce qui vous fait rire et ce que vous dites et faites au lit, la pression peut devenir redoutable. C'est quelque peu embarrassant d'être au lit et d'entendre votre partenaire vous dire quelque chose de manifestement très urgent à un moment critique et que vous ayez besoin de vous le faire traduire ou expliquer. Et ne me demandez pas comment je sais cela.

Vient ensuite la question de ce que l'on attend d'une relation de longue durée. Une amie anglaise m'a dit que, avant de se marier (à un Anglais), elle avait vécu selon le principe « des petits amis français, oui, un mari français, jamais ». Ses compagnons français faisaient l'effort de dire « je t'aime » et d'acheter des fleurs, mais ils étaient trop conservateurs à son goût. Ils étaient certainement heureux qu'elle consacre du temps à sa carrière, mais c'était bien aussi qu'elle fasse la cuisine. Et elle s'est dit que si elle avait un enfant avec un Français, elle aurait le sentiment d'avoir deux enfants à la maison.

Cette idée, cependant, ne prend pas en considération le fait que la France dispose d'un congé maternité très avantageux – ainsi que d'un congé paternité – et qu'en agglomération urbaine, les crèches sont incomparables. À Paris, les crèches municipales demandent un tarif journalier proportionnel au revenu et sont ouvertes de 8 heures à 19 heures. Dans la mesure où elles ont une place à la crèche – ce qui n'est pas garanti –, les mères n'ont aucun problème pour aussi mener une carrière épanouissante, y compris si leur mari prétend ne pas savoir comment déplier la poussette.

De fait, et peut-être pour exactement les mêmes raisons, à peu près tous les Anglais que je connais en France vivent avec une femme française. Bien sûr, il faut se rappeler la dose quotidienne de « je t'aime » et tolérer les débats existentiels sur le couple, mais tout le truc féministe-mais-féminine est conçu pour rendre la vie de tous les jours sacrément excitante[1].

---

1. En plus, étant française, il y a des chances qu'elle cuisine bien.

Dans tous les cas, les Français n'ont absolument rien contre les couples mixtes et, au pire, ils prendront une rupture comme l'occasion de faire un psychodrame de plus et de pester à nouveau contre la mondialisation. On n'a donc rien à perdre.

Plus on a d'amoureux, plus on vit

Les étrangers qui vivent avec un Français sont souvent surpris de découvrir qu'en France il est parfaitement légal de se marier deux fois.

Cela n'a rien à voir avec la polygamie ou la bigamie. Non. Enfin, pas exactement.

Quand un couple souhaite une cérémonie de mariage religieuse, il fait deux mariages. Le premier est à la mairie, et c'est le maire ou un conseiller municipal qui officie. Le second est à l'église. La France étant un pays laïc, le mariage religieux seul n'est pas contraignant juridiquement[1]. Mais faire deux nœuds ne garantit pas un mariage plus solide. L'adultère est une institution nationale, notamment chez les plus respectables d'entre tous,

---

1. Ce qui rend inopérant un film français que j'ai vu un jour. L'histoire d'un pauvre Africain qui se fait passer pour un prêtre afin de gagner sa vie et d'avoir un toit. Il se met donc à célébrer des mariages, ce qui aurait de magnifiques ressorts comiques dans un pays anglo-saxon, mais tombe complètement à plat dans le contexte français puisque tous ceux qu'il prétend marier le sont déjà de toute façon.

la bourgeoisie catholique. La ville catholique de Lyon, surplombée de milliers de statues de la Vierge Marie comme autant de caméras de surveillance en pierre, est célèbre pour être le foyer civilisé du cocufiage, avec des gens vivant une parfaite double vie. Les maris prennent du temps en dehors du travail pour voir leurs maîtresses, qui sont elles-mêmes les épouses des hommes qui font la même chose dans la chambre d'hôtel mitoyenne. Les secrétaires font envoyer des fleurs aussi bien à la maîtresse qu'à l'épouse de leur patron, et ne se trompent jamais. C'est une institution, un système que personne ne perturbe en faisant une chose aussi vulgaire que d'être jaloux ou de brandir la menace du divorce (qui est, de toute façon, un péché mortel pour les catholiques).

On n'en fait pas étalage car cela ferait craquer le vernis social policé. Il s'agit d'une loi de la nature inavouée, l'équivalent d'une fonction organique que l'on n'impose pas aux autres.

On s'attend de même à ce que les responsables politiques aient des amants. Comme le dit Paul West dans *God Save la France*, un homme politique sans maîtresse est comme un shérif sans pistolet : on pense qu'il est impuissant.

Il est communément admis que les Français se fichent du comportement adultère de leurs responsables politiques. Ce n'est pas vrai. Ils s'y intéressent énormément. Quand les aventures extraconjugales de l'ancien président Chirac ont été relatées dans un livre écrit par son chauffeur, les Français se sont montrés fascinés par son succès auprès des femmes (et la rapidité présumée avec laquelle il s'en « occupait »). Mazarine, l'enfant naturel du président Mitterrand, a été traquée par les paparazzis et est aujourd'hui une sorte de star de droit. Et quand Cécilia, l'ex-femme de Nicolas Sarkozy, est partie avec son amant et que M. Sarkozy a emmené sa propre maîtresse en vacances à l'île Maurice, les médias français en ont fait leurs choux gras.

La vraie différence est que les Français ne portent pas de jugement. Ils adorent en lire le récit, mais personne ne hurle à la démission d'un politicien adultère, car ils ne voient pas en quoi cela l'empêcherait de faire son travail. Au contraire, le travail d'un politicien est de séduire les électeurs. Pourquoi donc s'offusquer s'il trompe quelques personnes au sens littéral et physique du terme au lieu d'en tromper beaucoup plus sur un podium électoral ? Un bon petit scandale de coucherie et le responsable politique ne fera que grimper dans les sondages[1].

Si les médias français n'expriment pas leur réprobation au nom de l'opinion publique, ce n'est pas seulement par respect pour la loi sur la protection de la vie privée – ce serait assez facile d'y échapper en défendant que couvrir l'affaire relève

---

1. En revanche, je n'ai jamais entendu dire la même chose pour une femme politique. Les Français ne sont peut-être pas si ouverts d'esprit qu'ils le croient sur le sujet.

de l'intérêt public. C'est aussi parce que les journalistes veulent éviter l'effet boomerang. Quel rédacteur en chef de magazine, par exemple, va attiser un scandale public sur les indiscrétions d'un ministre avec une assistante quand il fait exactement la même chose avec l'une de ses journalistes depuis des années ? Et quel bourgeois moralisateur va exprimer son dégoût devant le comportement du ministre quand il lit l'article allongé dans une chambre d'hôtel entre deux séances avec sa maîtresse ? Les Français peuvent être hypocrites, mais ils ne sont pas stupides.

Pendant ce temps, les épouses des politiciens, elles, restent silencieuses ou à l'écart. En dépit des révélations sur le goût de son mari pour la gent féminine, Mme Chirac a poursuivi sa vie de première dame de France pendant des années, sans montrer aucune gêne (si l'on en juge par la rigidité imperturbable de sa coiffure). Le fait qu'elle se soit réjouie des révélations est autre chose, bien sûr, mais au moins elle ne devra jamais subir l'interrogatoire de son mari sur les chaînes de télévision. Aucun homme politique français n'aura jamais à dire, dans le style de Clinton : « Je n'ai pas eu de relations sexuelles avec cette femme. » Dans le cas de Mitterrand, d'ailleurs, cela aurait été particulièrement stupide de le dire.

Se (dé)jouer des mots

L'adultère est si enraciné dans la culture française qu'il possède son propre jargon, plutôt charmant.

Le sac à main d'une nuit s'appelle un « baise-en-ville », ce qui implique qu'une personne qui vient en ville pour affaires y reste le soir pour des raisons moins professionnelles. De même, les Français ont formalisé le concept de « cinq à sept » pour de rapides ébats après le travail. Ainsi, pendant que les salariés britanniques sont au pub en train de prendre un verre après le boulot, leurs collègues français sont en train de déguster un apéritif singulièrement différent.

Onzième commandement

Parlons d'amour, chéri(e)
(Quelques phrases utiles pour marquer des points au jeu de l'amour)

Tout d'abord, quelques phrases typiques pour la drague

Vous habitez chez vos parents ?
(Façon assez directe de demander si la fille doit rentrer chez elle le soir ou, mieux, si elle a un appartement où vous pouvez aller.)

Quel est ton signe astrologique ?
(Comme dans d'autres pays, c'est un des clichés préférés chez les hommes qui veulent montrer qu'ils ont un côté sensible. Si on vous pose la question, répondre simplement, dans un soupir : « Amour. »)

C'est formidable que le destin ait fait se croiser nos chemins.
(Façon intelligente de suggérer qu'il était écrit dans les étoiles que vous étiez faits pour coucher ensemble.)

Tu as les yeux les plus expressifs que j'aie jamais vus.
(Si la personne que vous essayez de draguer porte des lunettes de soleil, remplacez « les yeux » par « la bouche ».)

Quelques phrases pouvant être utiles si les choses se précisent

Je ne résiste plus à la tentation de vous embrasser.
(Bien sûr, il n'est pas absolument nécessaire de dire quoi que ce soit avant d'embrasser, mais les Français aiment les conversations amoureuses et ce commentaire peut donc être compris comme une excitation préliminaire avant le baiser.)

Chez toi ou chez moi ?
(Si votre appartement n'est pas pratique et que l'autre n'en a pas, il est acceptable d'enchaîner avec…)

On va à l'hôtel ?

Tu diras « je t'aime »

Et quand la relation a commencé, l'usage de phrases clés devient encore plus important…

Je t'ai apporté un cadeau.
(*Phrase utile car elle peut tout comprendre : des fleurs aux chocolats en passant par une nouvelle montre ou un poisson rouge. Phrase aussi essentielle, devant être utilisée régulièrement pour préserver l'harmonie dans sa relation avec un(e) Français(e).*)

Non, chéri(e), tu m'as mal compris(e).
(*À dire immédiatement si votre comportement provoque une sorte de crise chez votre partenaire.*)

Je t'aime.
(*La phrase essentielle fondamentale. Tout comme le shampooing ultra-doux, elle peut être utilisée aussi souvent que possible. Elle représente aussi l'arme nucléaire si vos méthodes anticrise ont échoué. Même au tout début d'une relation, il est hautement déconseillé de dire : « Je crois que je t'aime. » On aime ou on n'aime pas. C'est un sentiment absolu, comme celui d'être mort ou vif.*)

Moi aussi.
(*Cela doit être dit dans l'instant en réponse à chaque « je t'aime » si on veut rester tranquille.*)

Tu m'aimes ?
(*À dire avec un regard inquiet si l'autre ne vous a pas dit « je t'aime » depuis cinq minutes.*)

Bien sûr, chéri(e).
(*À dire instantanément en réponse à la question précédente.*)

Non, tu ne m'aimes pas.
(*À dire instantanément si la personne ne répond pas aussitôt « Bien sûr, chéri(e) ».*)

Mais si, chéri(e). Ce soir, je me suis dit que nous pourrions aller dîner à…
(*… ajouter rapidement le nom d'un restaurant de luxe. Cela sera pris comme une preuve convaincante que vous aimez vraiment la personne.
N.B. : ne pas oublier d'annuler le rendez-vous avec votre amant/maîtresse.*)

Épilogue
L'AMOUR QUI N'OSE PAS DIRE SON NOM

Il y a une sorte d'amour rarement ou jamais mentionnée dans la bonne société française. Non, ce n'est pas l'homosexualité, qui est assez bien acceptée. Le maire de Paris est ouvertement homo et les gens s'en fichent. Avec son Paris-Plage annuel, il a ajouté une certaine exubérance gay à la vie culturelle un peu solennelle de la ville.

Non, l'amour qui n'ose pas dire son nom est une adoration inavouée pour les Anglo-Saxons.

Comme je l'ai écrit dans les précédents chapitres, les Français vont cracher sur le concept de fast-food mais s'empiffrer de hamburgers ; ils vont faire les dégoûtés devant les « âneries » d'Hollywood et aller en masse voir *Sex and the City* ; ils vont se montrer lyriques sur le style de Dior et s'habiller de la tête aux pieds en Gap et Nike ; ils vont se lamenter du fait que l'anglais tue toutes les autres langues de la planète et sont les premiers à s'inscrire aux leçons d'anglais quand leur employeur demande qui veut travailler au département international.

Épilogue

Un serveur grincheux va peut-être prétendre ne pas comprendre l'anglais mais, dans la plupart des cas, il sera fier de son aptitude à le parler, et pas seulement parce qu'il peut soutirer de cette façon quelques euros de plus à de naïfs étrangers. Parler anglais, c'est dans le vent et c'est moderne.

Soyons fair-play, cela est vrai aussi pour nous, les Angliches : nous nous moquons des Français mais nous les aimons vraiment ; ils sont arrogants, mais nous aimerions bien avoir une telle confiance en nous ; ils sont vieux jeu mais nous aimerions avoir autant d'élégance ; ils sont hypocrites mais nous envions leur façon de s'en tirer malgré tout à chaque fois.

Tous les jeunes Français veulent aller vivre à Londres ou à New York car ils pourront y vivre la mode par eux-mêmes et obtenir un travail comme vendeurs sans avoir à passer d'abord trois ans à l'École nationale des vendeurs.

Et tous les Anglais rêvent d'acheter une maison en France et de vivre selon le style de vie français, vouant leur existence à la nourriture, au vin, au sexe et à la conduite inconsciente.

Mais ne gâchons pas le jeu de la séduction en révélant tout et en disant cela. Depuis environ mille ans, nous jouons chacun à nous faire désirer et, de façon générale, hormis les guerres, une sainte française immolée et quelques blocus maritimes, ça a été divertissant. Si nous renonçons à ce jeu maintenant et nous déclarons notre amour éternel, nous allons droit au désastre – un rapide et sans doute insatisfaisant après-midi à l'hôtel, le blues qui suit l'orgasme.

Gardons donc secret l'amour qui nous lie. Ce serait dommage de gâcher ainsi les choses après tant d'années, *isn't it* ?

Index

Académie française, *sottise*, 104-105
Achat, maison, *dangers*, 152
Adultère, *institution sociale*, 257
Alcool, *voir* Conduite
Alimentation
allergie, inexistence, 63
bienséance, guide, 77
Amant, *voir* Adultère, Politiciens, Sarkozy
Amour, *techniques*, 245, 249
Argent, *ne pas en parler*, 150
Avocat, *coupe de cheveux*, 147

Bactéries, *droit de vivre des*, 24, 62
Baguette, *vecteur de germes*, 62
Bible, la, *ses recettes*, 61
Bière, *demi, pinte et pichet*, 205
Bikini, *invention*, 24
Billets de train, *compostage*, 194
Blagues, françaises, *différents degrés d'humour des*, 44, 56, 253
Bonjour, *important pour vivre en paix*, 18, 192-193, 195, 204, 217, 219-220

Café, *commande efficace*, 204

Chiens, *habitudes défécatoires*, 178-179
Chirac, Jacques
frais de bouche, 76
homme à femmes, 258, 260
pause-pipi, 101
Conduite, *dangers*, 74
Coudes, *jouer des*, 218
Courte échelle, *voir* Politiciens

Diplôme, *nécessité absolue sur le CV*, 57
Drague, *sélection de phrases*, 262

Écoles, *laxisme*, 162
Embrasser, *voir* Joues, Jurons
Émeutes, *accords préalables*, 54

Faire la queue, *inaptitude française*, 168-169, 200
Femmes, *pas grosses*, 67
Feux, circulation, de, *passer outre*, 35, 173, 176-177
Films français, *prédictibilité*, 124
Fleurs, *achat stratégique*, 244-245
Foie gras, *génie du*, 25
Fonctionnaires, *interdiction de licencier*, 44

Index

Fumer, *en toute liberté malgré la loi antitabac*, 164

Gainsbourg, Serge, *laideur exemplaire*, 35, 123, 252
Grammaire, française, *de la difficulté de l'apprendre (ou de sa difficulté tout court)*, 106
Grant, Hugh, *pénis*, 253
Grèves, *efficacité*, 51
Grosses, *voir* Femmes

Hallyday, Johnny, *qui ?*, 31, 34, 124
Haute couture, *inutilité*, 129-130
Hommes, *catégories*, 252
Hommes, *romantisme supposé*, 244-245

Insultes, *bien prononcer*, 238

Je t'aime, *façons tactiques de dire*, 243-245
Jelly, *négation de l'existence des expatriés britanniques*, 31
Joue, *baiser*, 222
Jours fériés, *liste époustouflante*, 40

Livres, *couvertures mortelles*, 133

Malbouffe, *hypocrisie*, 72, 265
Mariage, *y penser à deux fois*, 255-256
Médecin, *rendez-vous facile*, 93
Minitel, *disparition*, 22-23
Molière, *tort causé par*, 30, 85
Mondialisation, *hypocrisie*, 143
Mont-Saint-Michel, *Bretagne ou Normandie ?*, 21

Musique française, *changer de station de radio*, 120-121, 123-124

Nazis, *collaboration*, 144
Nombril, *importance culturelle*, 119, 127, 250
Non, *veut dire Oui*, 193
Nourriture américaine, *voir* Malbouffe
Nourriture anglaise, *amour-haine*, 71
Nourriture de saison, *délices*, 65
Nucléaire, français, *sécurité maximale*, 34, 141

Objectifs, *manqués*, 47
Olympiques, Jeux, 2012, *la trahison*, 21
Oui, *voir* Non

Passages piétons, *nature symbolique*, 176-177
Patrons, *haine*, 55
Pédants, *provoquer efficacement*, 135
Pétanque, *scène déshabillée*, 12
Pharmacies, *omniprésence*, 85, 90
Poil de barbe, *irritant*, 223
police, 148
Politiciens, *adultères*, 258-260
Pornographie, *plein les yeux*, 232-233
Prononciation, *erreurs rigolotes*, 111, 113-114

Ré, île de, 66, 151
Renault 4L, *grotesque levier de vitesse*, 24
Restaurant, *voir* Bactéries, Café, Serveurs
Retard, *l'art d'être en*, 226-227

Index

Réunions, *de leur inanité*, 49
Révolution, *traumatismes*, 29
Rhétoriques, Questions, *ne sont-elles pas exaspérantes ?*, 26-27, 29

Sarkozy, Nicolas, *humiliation royale*, 235
Seins, *prothèse subventionnée*, 89
Semaine, 35 heures, *merveilles*, 41
Serveurs, *se confronter avec*, 80, 189-191
Sexe, *problèmes linguistiques liés au*, 255
Snobisme
patronymique, 229
rentré, 151

Stades nationaux, *délais comparatifs de construction*, 46
Subventions
générosité des, 74-76
voir aussi Seins
Supertramp, *groupe branché aux yeux des Français*, 34, 124
Syndicats, *activisme*, 51

Télévision, *désespérante*, 132
Thalassothérapie, *accès gratuit*, 86
Tour de France, *longueur interminable*, 175
Tu, *la panoplie*, 108-111

Vous, *voir* Tu

Week-ends, longs, *fréquence*, 40

La photocomposition de cet ouvrage
a été réalisé par
Nord Compo

Achevé d'imprimer en avril 2009
dans les ateliers de Normandie Roto Impression s.a.s.
61250 Lonrai
Pour le compte de NiL Éditions
N° d'impression : 091525
Dépôt légal : avril 2009
N° d'édition : 49679/01

Imprimé en France